朝鮮時代漢語教科書十種彙輯

汪維輝○編著

四

上海教育出版社

訓世評話（影印本）

訓世評話

恭惟我 東方
列聖相承至誠事大式禮莫愆竊以邈在海
隅語音不通乃設承文院司譯院擇年少
聰敏者以補其職曰肄習官也習讀官也
講肄官也使習漢訓日講月試課其能否
或賞或罰以爲勸懲然一齊衆楚鮮能成
就維吾外王父貞靖公應期而生
太宗大王十七年丁酉中第選入承文院力
學是訓解就精通自是常爲已任雖在一
家中必用華語庸童少女亦嘗習知其語

日用使喚應對如流遂成家業及爲兩院
提調常謂比他職掌尤爲謹重無日不仕
教誨不倦挾冊授業者疊是門庭由是業
精者相繼而出若非公教養之勤豈得至
此耶欲令後學者易於研窮乃諸撫爲善
陰騭之事及平昔所嘗聞者編緝爲書譯
以漢音名曰訓世評話繕寫以進
成廟嘉之命用鑄字印出若干卷頒賜朝臣
不但爲學漢音者之指南亦於教人爲善
豈小補云歷歲既久散逸殆盡欲學者皆資

於其吾得考閱此豈吾王父之初志也哉
傳云夫孝者善繼人之志孝則吾豈敢忽
發得是書撰録諸本日傳萬紙以廣吾王
父傳世之志者久矣襄陽倅宋候仁精亦
公外曾孫而與吾再従兄弟也語及是意
宋候曰此吾志也吾兄汞同趾是道豈非
文華而得刊是書于此遂明其華亦不啻
萬萬出篋笥中所藏下峽以示之吾得是
言若得拱璧令諸各邑備開刊板不月而
功訖鵠致江陵以備後日欲學者之資意

吾王父之志庶幾得遂而亦得吾輩平生
慊獲久素志也正德十三年戊寅季冬有
日外曽孫通政大夫守江原道觀察使兼
兵馬水軍節度使尹希仁謹跋

訓世評話上

虞舜父頑母嚚象傲常欲殺舜克諧以孝不格姦後爲天子不殺象封之有庳

古時虞舜他的父親瞽叟心裏無有德行後孃也口裏無些兒好言語後孃生的象呵越暴虐一心兒只要殺舜虞舜呵十分孝順感動他回心不到姦惡後頭做了皇帝不殺象顛倒封他有庳地面這箇是天下的大孝

文王爲世子時朝於王季日三鷄初鳴衣服

至於寢門外問内豎曰今日安否何如内豎
曰安文王乃喜及日中又至亦如之食上必
在視寒暖之節

文王做世子時侍奉父親王季每日頭鷄
叫時起來穿了衣服到王季寢門外頭問
安否内官說安了文王心裏喜歡回來到
晌午裏也進問到晩夕又進問每日這般
三遭問安着進膳時熱的冷的親自看一
看這般盡心孝順

姜詩孝母汲江數里舍側湧泉日有雙鯉

古時姜詩孝養毋親他毋親愛喫江水和
鯉魚姜詩分付他娘子每日到四五里地
挑將水來有一日家邊忽然湧出一眼井
水和江水一般滋味又每日家一雙鯉魚
兒出來這般有孝感
孟宗性至孝毋年老病篤冬節欲食筍宗入
竹林哀泣有頃地上出筍數莖取而作羹供
毋食畢病愈
古時孟宗道的人本性孝順他毋親年老
病重冬月裏要喫竹筍孟宗走到竹林哀

痛啼哭等一會兒地上竹筍迸出數根說拿去做湯與母親喫喫了了病也好了

董永父亡無以葬乃從人貸錢一萬永謂錢主曰後若無錢還君當以身作奴永得錢葬父畢將往為奴於路忽逢一婦人求為永妻永曰今貧若是身復為奴何敢屈夫人為妻婦人曰願為君婦不恥貧賤永遂與婦人至錢主錢主曰本言一人今乃有二永曰言一得二理何乖乎主問永妻曰何能妻曰能織絹主曰為我織絹三百匹即放爾於是一月

內三百匹絹足主驚遂放夫婦二人而去
行至舊相逢處乃謂永曰我天之織女感君
之至孝天使我為君償債君事了不得久停
語訖雲霧四垂騰空而去

古時董永道的人父親殁了因家道艱難
不能埋葬到一箇人家借錢一萬和那錢
主說我若後日無錢還伱是便做伱的奴
財這般說定得錢葬了沒奈何往錢主家
做奴財去時忽然路上撞見一箇婦人要
做他的娘子董永說我是貧賤不敢教伱

做媳婦那婦人說情願做你的娘子不羞
貧賤這董永和他同到借錢人家那家主
說頭裏說定時一箇來今日卻怎麼兩箇
來荅應道說一箇得兩箇理上有甚麼違
悖處那家主對那婦人說你有甚麼本事
那婦人回說我只會織布那主人說你織
出三百匹絹子呵放你去那婦人一箇月
裏頭織出三百匹絹子主人驚惶就放他
兩口去行到舊相會處那婦人對永說我
是天上織女上帝感動你孝心教我下來

織布還你少債你的事幹完了不得久住
這般說時四面籠罩雲霧便乘雲回去了
夏方家遭疫癘父母叔伯尋從死者十有三
人方時年十四夜則號泣悲痛閭里聞者爲
之酸鼻晝則負土營墳十有七年而畢廬於
墓側種樹松栢鬱然暢茂烏鳥猛獸馴擾其
傍同遊不擇巢以棲人以爲孝感所致
古時夏方道的人一家都害瘟病爺娘叔
伯遠巳下的人一總死了十三箇那早晚
夏方年紀纔十四歲黑夜是哀痛啼哭歷

舍家聽的都害鼻子酸疼白日呵自家背
土營墳十七年多纔了了就墳邊住坐栽
著松栢榻林稠密飛禽走獸不驚人同走
不怕人同睡那時節人都說孝感所致

剡子性至孝母病思鹿乳遍求不得乃衣鹿
皮入鹿羣中以求之卒遇獵者彎弓欲發亟
告之故乃得免且遺以鹿乳而去

平古時剡子道的人本性至孝奉養母親有
一日母親害病要喫鹿嬭子到處裏尋也
尋不著這剡子穿了鹿皮到山裏鹿羣中

坐的討妳子時猛可裏打圍的人到来别的麅子是都走了只一箇剩子安然坐的那打圍的人卻想真麅子張弓要射時剩子走出來脱了麅皮跪者告說我的老孃害病要喫麅妳我無處尋假裝麅身到這麅羣中要討妳子那打圍的見他有至誠心拿得乳麅取妳寄與他去了

夏侯訢母疾屢經危困[illegible]衣不釋帶者二年母憐其辛苦令訢使寢息訢方假寐忽夢其父告之曰汝母病甚[illegible][illegible]非藥可愈天帝矜

汝至孝賜以仙藥在後桑樹枝上 許忽驚起如所夢言得藥進之母病頓差

古時夏侯訢孝養母親母親得病好幾年害的重了這訢每日不脫了衣裳救病二年多有一日母親憐他扶侍受苦著他且外頭去歇一歇來這訢不敢違了孃的言語到外頭攞睡時忽然夢裏他的父親來說道你母親的病常凡藥材醫不得因此上帝憐你的至孝與你仙藥在後園桑樹上這訢心裏驚惶睡覺起來却得那仙藥

與母親療病就好了。

徐積隱居養母母嘗患丁腫于頭危甚積迎醫來診醫云必須生蛙并合劑藥乃可療矣積泣曰今當季冬安得生蛙母疾殆不可爲已號慟久之醫云縱無生蛙盡姑合藥以試乃於樹下燃火熬藥忽有物從樹上墜鐺中就視乃生蛙也醫驚愕曰子之孝誠上感于天天乃賜之子之母病必療矣仍遂劑藥傳瘡果立愈

徐積道的人隱居養活母親母親曾害頭

子上丁瘡十分危殆這條猿請太醫來胗
候太醫說必須討活水鶴子來合藥喫了
呵便痾了這條猿啼哭說如今正當臘月
時怎麼得討活水鶴子來母親的病却是
醫不得這般說號天哀痛多時了太醫說
雖是無有水鶴子麼且合藥試一試看到
一箇樹底下吹火煎藥時忽然有一箇東
西落在煎藥的罐兒裏就看便是那活水
鶴子太醫說你的孝誠感動天地皇天與
你這水鶴子你母親的病必然好了就合

藥貼那丁瘡上那丁瘡即便疴了
楊和少失父獨與母居因貧窮不得孝養有
一日告母曰我到隣里富家盜取金銀孝養
母曰不可不可和不聽造雲橋踰垣墻入金
銀庫內欲盜有一被金甲將軍立於北邊與
和曰此金銀不是此家之物乃南京蘇州住
人水賣過之物也汝往蘇州請帖字來則此
物可得也和還家備盤纏到蘇州尋見富人
水賣過里人云此處水賣過賣水食者也安
有錢粮手和雖聽此言然請水賣過到飯店

買饋又到粥店買饋又到酒店買饋水賣過半醉和跪請曰我是北京人因貧窮不得養母欲蒙厚意而來請大人矜憐寫給金銀帖字求賣過曰我亦早喪父母家甚貧窮每日賣水而食安有金銀而寫給帖字乎和問姓名答曰我是李實也和復懇請李實乃寫金銀各三丁帖字給之和賫來乘夜至富家入金銀庫內金甲將軍尚在北邊見和曰汝得帖字來乎和出示帖字將軍跪受而覽擇元寶金銀各三丁與之和又往蘇州轉賣金銀

段匹遂請李實而還家不多日富家主
對妻曰我只有一女年既長成未有伉儷見
一年少人祭在楊和家其家日益富饒吾欲
以此人作婿遂定約延李實為婿後三日家
主死焉其妻對婿曰彼三間庫滿積之物皆
金銀也請計數示我李實即計數示之其母
曰此庫曾不開閉何無金銀各三丁乎汝當
更搜之李實入庫更搜之乃見在南京時寫
給帖字挾在北壁更不搜之

古時有一箇楊和道的人爺爺早殁了只有

老母親十分艱難不得養活有一日對孃
說我到隣舍財主家偷金銀来養活母親
母親說不當不當這楊和不聽孃說做雲
梯跳墻到金銀庫裏要偷金銀時有一箇
被金甲的將軍登在北壁和楊和說這金
銀是不是這家的東西却是南京蘇州住
的水賣過的錢粮你到蘇州討帖字来呵
便得這楊和就回家来准備盤纒到蘇州
尋問富人水賣過的住處那街上的人說
這水賣過是賣水哭的人他那裏有錢生

這楊和雖是聽得這話麽請這水賣過到
飯店買飯與他喫到粁店買粁與他喫又
到酒店買酒與他喫這水賣過半醉時楊
和跪者說我是北京住的人家道貧窮不
得孝養母親望大人厚恩來大人可憐見
寫與我金銀帖字那水賣過說我也早殺
了爺孃家道十分艱難每日挑水賣喫那
裏有金銀寫饋伱帖字楊和再問姓名荅
應說我是李實楊和再三的央及這李實
罷不得寫與他金銀各三丁帖字楊和得

帖字回来黑夜又到那財主家金銀庫裏那将軍還要在此邊見楊和說伱討帖字来麼楊和拿出帖字與他看那将軍覧者受帖字看揀者元寶金銀各三丁饋他楊和又到蘇州把這金銀轉賣收買些段疋就請李實回家来無多日那財主對他娘子說我家只有一箇女兒年紀長大了還無有配對如今一箇年少人来到楊和家裏住那家漸漸富饒一日強如一日我要把這人做女婿就定約請這李實做女婿

第三日那家主死了他娘子對女壻說那三間庫房裏滿裝的都是金銀你盤了寫數目與我看那女壻即便盤寫數目與丈母看那丈母說咳這庫房元封不動却怎麽少了金子三丁銀子三丁你再仔細打點看女壻再去庫裏打點時得看在南京蘇州時寫的帖字挾在北邊廻畓裏女壻知道這意思再不尋

王子比干者紂之親戚也直言諫紂紂怒曰吾聞聖人之心有七竅信有諸乎乃殺王子

比干剖視其心

比干是殷國紂王的房親叔叔見紂王十分做歹一段忠心好生直言勸諫紂王惱怒不聽說我聽得聖人的心裏有七箇竅蘢老實有這等麼我要看就殺了闢開了肚皮看有這等狠歹

箕子者紂親戚也紂始為象箸箕子嘆曰彼為象箸必為玉杯為玉杯則必使遠方珍恠之物而御之輿馬宮室之漸自此始不可振也紂為淫泆箕子諫不聽而囚之人或曰可

以去美箕子曰爲人臣諫不聽而去是彰君之惡而自悅於民吾不忍爲也乃披髮佯狂而爲奴鼓琴而自悲

箕子也是紂王的房親叔叔紂王初頭用象牙做箸子箕子嘆息說道這般把象牙做箸子呵好歹把玉來做盞兒假如把玉做盞兒呵好歹求遠方珍恠的物件使用車馬宮室的勾當也從這裏奢華起臨了救不得紂王做淫泆的勾當箕子勸諫不肯聽從把箕子監了有人和箕子說合當

撇了去箕子說做了人臣諫不聽撇了去
呵這箇是暴揚君王的過失着百姓誇獎
我不忍做這等勾當披了頭髮假做風魔
裝奴賤的模樣彈琴悲嘆
武王伐紂伯夷叔齊叩馬而諫左右欲兵之
太公曰此義人也扶而去之武王已平殷亂
天下宗周而伯夷叔齊恥之義不食周粟隱
於首陽山采薇而食之遂餓而死
武王伐紂時伯夷叔齊攔着馬苦諫左右
的人要殺了他太公說這箇是好義人不

要砍了扶他去了武王已平殷亂天下都
來降伏時伯夷叔齊害羞說不當喫周粟
趕在首陽山挑薇菜喫就餓死了
李仲義妻劉氏名翠哥房山縣人至正二十
年縣大飢平章劉哈剌不花起兵爭戰擒仲
義適軍中乏食欲烹仲義弟馬兒走報劉氏
劉氏遽往救之淨泣伏地告平章曰所欲烹
者是吾夫也願將軍矜憐之吾家有醬一甕
米一斗五升窖於地中可掘取之以代吾夫
將軍不從劉氏曰吾夫瘦小不可食吾聞肥

黑者味美我肥且黑願就烹以代夫死將軍遂釋其夫而烹劉氏

元朝時房山縣裏住的李仲義道的人他的娘子劉氏叫名翠哥至正二十年間那一縣十分飢荒平章劉哈剌不花領軍馬四下裏打刼擒這李仲義去遭是那軍中無粮食便把仲義要煑喫他的兄弟李馬兒連忙走到家裏報說那嫂子劉氏劉氏聽得惶忙走到軍中要救出丈夫哀言啼哭伏在地上告說大人每要煑喫的人是

我的丈夫將軍可憐見我家裏有一箇瞽瓮兒和一斗五升米埋在地下我如今便去挖開將來贖我這漢子的性命那將軍不肯聽說只要養哭這劉氏央及說着我的丈夫是原來身瘦肉小不合當養哭我曾聽得婦人黑色肨身的有味中與我縱小這般黑色肨身却好養哭情願替漢子死那將軍聽得這話放他丈夫九劉氏養哭

漢樂羊子妻 不知何氏女羊子嘗行路得金

一餅還以與妻妻曰聞志士不飲盜泉之水
廉者不受嗟來之食況拾遺求利以汙其行
乎羊子大慙乃捐金於野而遠尋師學七年
不返妻常躬勤養姑又遠饋羊子嘗有他舍
雞謬入園中姑盜殺而食之妻對雞不餐而
泣姑怪問其故妻曰自傷居貧使食有他肉
姑竟棄之後盜有欲犯妻者乃先劫其姑妻
聞操刀而出盜曰釋汝刀從我可全不從我
則殺汝姑妻仰天而嘆舉刀刎頸而死盜亦
不殺其姑太守聞之捕盜殺之賜妻縑帛以

[illegible]葬之孺曰貞義
漢時樂羊子道的人他娘子不知姓氏有
一日樂羊子出外行路時路上拾得一塊
黄金將的家裏來與他娘子娘子說道小
媳婦曾聽得有志氣的人不飲盜泉之水
有清廉的人不受喝罙之食怎敢路上拾
的金子來留下壞了家道樂羊子聽得這
話害羞便把金子拿將出去還颩在野向
裏却尋好師傅遠處出去學到七年不肯
回家只管讀書這娘子自家養活婆婆無

些兒怠慢又准備盤纏遠送與丈夫使用
有一日隣家的鷄兒錯入他園子來婆婆
偷那鷄兒喫時這媳婦見了那鷄兒對者
那卓兒不喫啼哭婆婆問他啼哭的緣故
媳婦回說自傷家道艱難要喫肉時喫別
的肉婆婆聽了這話就殺了那時強盜亂
起搶奪人馬錢粮那強盜却聽得這媳婦
兒有好模樣便要取他到那家裏圍住了
房子要弄了媳婦先嚇他婆婆那媳婦聽
得那意思拿者刀兒出門對者那強盜說

這婦人管麽 兒從教所擬你拿去來
從我所便殺你婆婆這媳婦聽得這話便要
天嘆息把自手拿的刀兒來自刎頸而死
了那強盜不曾殺了婆婆就都要去拿來
裏的太守聽得這意思便領軍馬追趕殺
盜都拿著殺了却那死的婦人上要賞些
錢糧盡禮埋葬又奏知朝廷聖旨賜額旌
義夫人

衛敬瑜早死妻李氏年二十而寡父母欲嫁
強之不從遂剪髮既足誓不改適所居有燕

燕巢之一日忽雌燕孤飛李氏感之謂曰能
如我李因以縷誌其足明年復來孤飛如故
食李氏之飯棲李氏之室若是者數年又明
年來則李氏已死燕於其舍哀鳴不已人義
之告已死及葬處即徑往墓哀鳴不食而死
人因瘗之於傍號曰燕塚
宋朝時衛敬瑜道的人年少早殁了他的
娘子李氏年紀纔到二十歲守寡他的爺
孃要取他來改嫁這李氏不肯聽說截了
手割了頭髮脫了鞋子告天說誓我死呵

義不嫁人這等守寡過活他的房簷裏有
一雙燕兒來打窩養雛有一日忽然那燕
獨自飛來這李氏感動說道燕兒燕兒你
也我一般能守寡麼就拿着燕兒把一條
線來絟了腳子做荒子第二年又獨自來
這李氏家討飯喫還在舊窩兒裏是這般
往來好幾年多有一年又來這李氏早歿
了那燕兒就在李氏家裏哀鳴不去隣舍
人可憐見他至誠對燕兒說你的主人已
曾死了就指饋他埋葬處那燕兒一徑的

飛到那墳墓哀鳴餓死了就埋在李氏的墳墓傍邊立廟號說燕兒的墳墓

都彌妻美麗亦有節行盖婁王聞之語都彌曰婦人雖貞在幽昏處誘以巧言則動心矣都彌曰吾臣妻雖死無二王欲試之留都彌以事使一近臣假王衣服夜往其家謂曰我聞伱好與都彌博得之來日入爾為宮人都彌妻曰王無妄語吾敢不順請大王先入室吾更衣而進退飾一婢薦之王後知見欺怒甚誣都彌以罪矐兩眸子置舡泛河遂殘其

淫之都彌妻曰今良人已失獨身不能自持
況為王御豈敢相違今有所避請俟他日王
信而許之都彌妻便逃至江口不能渡呼天
痛哭忽見舟至乘到泉城島遇其夫未死掘
喫草根遂與同至高句麗終於羈旅
百濟住的都彌的娘子十分可喜又有貞
節國王聽得和都彌說雖是貞節的婦人
呵暗地裏巧言哄賺呵便動搖心都彌回
奏臣的娘子呵雖是到死也無兩等心腸
這王要試一試看著這都彌佯分付勾當

留住教一箇近侍的臣假穿王的衣服黑
夜送他家裏對他那婦人說我聽得伱的
模樣好和伱丈夫打雙六賭伱明日教伱
入內做宮人那婦人回說國王不要說謊
我怎敢不順請王先入房裏去我換衣服
便來這婦人退出去教一箇使喚的丫頭
打扮送進去王後頭知道嘖的意思十分
惱起來嘖那都彌說伱有重罪剗瞎雙眼
裝載小船漂海去了就叫那婦人來要耍
那婦人說道如今丈夫既遠去了不能獨

自過活又況奉命做宮女何敢違背今日
呵有緣故再等改日来王信他許了那婦
人便逃走到一箇海口上不能過海叫天
啼哭忽然小船風浪裏到来這婦人連忙
上船漂到一箇泉城道的海島撞見他的
丈夫還活在那裏挑草根喫就和他丈夫
同到勾高麗國羈旅人家過活到老死了
本朝豐山縣住萬戶金蒋之女名淑女自幼
時亥奇才又有貞節年十八嫁與本縣李禧
爲妻盡婦道禧仲秋日親戚家赴宴極醉還

來路上落馬而死淑女備禮葬之過哀不食而死年纔二十父母哀悲亡夫墳墓一處埋葬

古時豐山縣裏住的萬户金荐的女兒叫名淑女從媧媧時多有奇妙本事又有貞節年到十八歲嫁與本縣裏住的李橿做娘子這婦人盡那媳婦的道理有一年仲秋日這李橿親戚家喫宴食十分醉了回家來時路上跌下馬死了他娘子淑女好生備辦盡禮埋葬哀痛啼哭不喫飲食就

氣死了那早晩年紀纔到二十歲他的爺
娘可憐見他念丈夫成病死了和那丈夫
的墳墓一處埋葬了
齊王坐殿問羣臣曰我去夜夢飛熊上殿不
知吉凶請諸宰相占夢如何晏嬰出班奏曰
昔周文王得此夢翼日出獵到渭水邊得賢
臣太公後佐武王得天下請上亦出獵試之
王曰可即出獵到倉山見一白龜射之帶箭
走入桑林王追之見桑樹上有一少女採桑
王以馬鞭指小女問曰汝見帶箭白兎手舉

小女比是指揩其去處王慈使金瓜將軍拿
下問罪嬰啓曰我當問罪即問女曰汝何處
人家女手足俱忙摘桑養蚕織成綾羅段疋
與誰服之女曰我是村家處女名無艷汝將
軍手足俱忙與敵相戰得江山社稷以諡作
君嬰聞此言知女有賢德即率其女進于王
前啓女所言上見女笑三聲女亦笑三聲上
問女曰汝笑何意也無艷同啓曰上笑何意
也上曰我笑汝醜貌無艷啓曰女亦笑上有
三醜上極怒曰我有何三醜無艷回啓曰曰

房之望青苗在地不宜出獵上爲之此一醜也上腰帶白玉頭戴金頂而身佩弓箭此二醜也以萬姓之主無正宮皇后此三醜也上聞此言羞愧不已欲作皇后將覰月玉帶給安定禮無艷亦將頭上所插半折木梳回禮上使嬰主婚禮以五月初三日定婚至是日使嬰領鑾駕迎之女到門內立而不入曰自古婚禮以親迎爲重上何不迎我乎嬰入啓此言上不得已出迎而入同安天地之樂適其時天下大亂分爲十二國爭殺不已此無

艷小有将略勸上同駕出征所向咸服此夢見飛熊上殿之吉兆也

古時齊王有一日上殿文武班齊降旨意問道我夜裏夢見飛熊上殿後衆臣宰每圓夢吉凶如何有晏嬰道的宰相出班奏說古時文王做這等夢就領軍馬出去打圍却到渭水河邊便得賢臣太公後頭那太公輔佐武王一統天下做皇帝如今請上位也出去打圍看一看上位准他奏就領軍馬前往倉山地面打圍只見一隻白

兎兒上位便射著那兎兒那兎兒帶箭去
過一箇桑樹園子裏上位領軍馬追趕到
那裏却見桑樹上有一箇女兒採桑上位
著馬鞭子指這女兒問兎兒打那裏去那
女兒也著脚指頭指饋他兎兒去處上位
便惱起來駡者說道叵耐這醜女兒倷忒
麽著脚指頭指饋我待要金瓜將軍拿下
衆問罷晏嬰奏說小臣去問他晏嬰到那
桑樹底下問倷是甚麽人家的女兒忙手
忙脚採桑養蚕織下綾羅叚疋與誰穿那

女兒回說我是村莊人家的閨女名喚無艷將軍俺忙手忙脚每日厮殺爭這江山社稷與誰做君主晏嬰聽得這話便知道賢德就請帶來奏知這件意思上位見那女兒便教靠前來就笑三聲這女兒也笑三聲上位問女兒俺笑的何故無艷回奏上位笑的何意上位說我笑俺醜模樣無艷回奏臣女也笑上位的有三般醜處上位十分惱變色說我有甚麼三般醜處無艷回奏這四月半頭青苗在地不合當打

圍時打圍這箇是第一件醜上位腰繫白
玉帶頭戴金頂子親帶弓箭這箇是第二
件醜上位是一國之王萬姓之主還無正
宮皇后這箇是三件醜上位聽這話害羞
無地麼却見他賢德要做皇后便拿將亂
月玉帶與他做定禮這無艷也將頭上揷
的半箇木梳來回禮上位著晏嬰管者媒
禮五月初三日定婚到那一日著晏嬰領
鸞駕去接着無艷來這無艷到門內坐者
不肯進去說道自古以來婚禮親迎最重

上位怎麼不肯出來接我晏嬰入去奏知
這話上位沒奈何出來接者入去同安天
地之樂遭是那早晚天下亂了分做十二
國廝殺不住這無艷皇后從小有將軍的
志氣勸上位同駕出征到處裏都向胜這
箇是夢見飛熊上殿吉慶的因頭兒
逢萌漢平帝時人是時王莽篡竊漢祚敢行
不義多殺無辜並與其子而殺之萌謂友人
曰三綱絶矣不去禍將及人即日解冠掛東
都城門歸將家屬浮海客於遼東耕田而食

漢朝時逢萌道的官人那時節王莽道的人奪了漢家帝位只好殺人連他的兒子也殺了這逢萌和他朋友說道如今這王莽做強盜起來把我漢家帝位也奪了好做無道的勾當天下人都受他的苦這的是三綱五常都滅絕了我們若是不出去呵免不得這災禍這般說就那一日脫了冠帽掛在那城東門上便棄了官職帶他家小將海去直到遼東耕田過活再也不來往官司的便是既明且哲以保其身

錢若水為同州推官有富民走失一小女奴
莫知所在其父母以訴州委錄參鞫之其錄
參舊有求於富民不獲遂劾其父子共殺女
奴投屍水中法外凌虐不勝其苦遂自誣伏
獄具上于州州委官審覆亦無反異獨若水
遲疑錄參詣廳詬罵曰豈公受富民錢故救
出之乎若水但笑曰今數人當死安可不容
其熟察又越旬不決知州亦有語若水不奪
上下皆怪訝一日若水詣知州屏人告曰鄙
其所以遲留此獄者蓋慮其寃嘗以家財訪

求女女今得之矣知州驚曰女奴安在若水
歸使人密送女奴於知州所知州垂簾呼其
父母謂曰汝女今至還識之否曰安有不識
揭簾推出父母喜曰是也於是引出富民釋
之富民號泣謝曰非使君某一朝遂至滅門
知州曰此乃推官非我也富民急詣推官求
謝若水閉不納富民遶垣而哭歸傾家財飯
萬僧以為若水壽知州欲以其事聞若水不
可曰某初心止欲拔寃非敢希賞萬一數奏
在某固好於錄爲却如何知州益加敬重未

錢六宗聞之驟加爲樞密卒贈户部尚書賜
其母白金五百兩

古時錢若水做通州推官時節州裏有一
箇富家走了一箇小女奴不知去處他的
爺孃告了州官委差錄叅考問那録叅在
前求那富家的東西不得誣說富家父子
共殺女奴颩在水裏這般折倒那富家淩
奈何議伏獄成上州州委官審覆一樣誣
伏只這若水遲疑不斷錄叅到廳裏罵推
官說你怎麼受了富家的錢粮要救出充

罪著求笑說咳好幾箇人該死的勾當却
怎麼不詳察過了十日還不斷了知州也
向推官說怎麼不斷著水直不肯決上下
人都說竒恠二日著水到知州根前辟人
告說前日我遲留不斷的意思只想有究
恨我把錢粮求買女奴見有知州驚嘆說
女奴在那裏推官就著人密送女奴知州
垂下簾子叫他爺孃說你的女兒尋得來
呵你認得麼他說怎麼不認得捲起簾子
推出女奴與爺孃看爺孃喜歡說是我的

女兒就引出那富家放了那富家啼哭謝拜說不是明官呵我們一起滅門了知縣說這箇是推官的陰德不是我的功勞富家急急的走到推官家求謝著水閉門不納富家纔垣啼哭回家為那著水把他的家財供養一萬僧禱告推官的壽數那知縣要奏知朝庭著水不肯說我心裏只要解究本不曾望賞假如數奏時我上好麼錄參却怎麼的知縣越敬重無多時太宗皇帝聽得這意思除做樞密院從頭無病

死了贈戶部尚書賜與他母親白金五百
兩

王曾清州益都人也咸平中由鄉貢試禮部
廷對皆第一初居京師一朝過甜水巷聞子
母哀哭因詢其隣云其家少官逋四萬錢計
無所出只有一女將易客錢以償朝夕令離
無復相見所以哭之哀也曾乃訪其家諭之
無異因謂其母曰汝女可賣與我仕官擕來
時得相見遂以白金與之令償其審約三日
敢逾期不至其母復訪曾之所辭謝曾已行

矣其後會大貴位至兩府封沂國公薨贈侍中謚文正子孫榮貴

古時清州益都縣住的王曾道的人咸平年間中鄉試來又會試殿試都中第一名頭裏到京師時有一日聽得甜水巷一箇婦人帶女兒哀痛啼哭王曾問他啼哭的緣由街傍人說那婦人家少了官錢四十萬被官吏每日折倒手裏無東西不得納官只有一箇女兒沒奈何賣與客人已受價錢到明日相別帶去再不得相見因此

啼哭的哀痛王會到那他家裏問也這般
說就對他孃說道你的女兒一發賣與我
呵仕宦姓來時可得相見就與他白銀百
兩著納官又說我等三日再來取你女兒
去過了三日還不來取那婦人帶女兒尋
王會下處問去王會早回去了歇後王會
做了大宰相封沂國公歿了後頭加做侍
中謚號文正子孫世世榮貴
郭震年十六與薛稷趙彥昭同為大學生家
嘗送資錢四十萬會有衰服者叩門自言五

世未葬各在一方今欲同時遷窆之於貲錢頗假以治喪震遂與之無少吝以車一時載去略無留着竟不問其姓氏梁為薛趙所誚而震怡然曰濟彼大事亦無誚焉十八舉進士為通泉尉歷梁州都督安西大都護立功邊陲進中書門下三品遷吏部尚書封館陶縣男加代國公實封四百户

古時郭震道的秀才年紀十六歲時和薛稷趙彥昭同做國學生這郭震家送四十萬銅錢來做盤纏遭是有一箇穿孝的人

來叩門說道我家連五代喪不得埋葬客
在異鄉如今要一處搬葬麼手裏無有錢
財願秀才上借錢來備辦喪葬這郭震聽
得這話就與他四十萬銅錢無些兒愛惜
那穿孝的人都裝載車上無些兒留下就
去了臨去時郭震他的姓名也不曾問明
友每好生怪他郭震安然說道我救濟大
事你們不要怪我後頭這郭震年到十八
歲中舉除做通泉尉又陞做梁州都督安
西地面大都護得了軍功加做中書門下

三品無多日轉除吏部尚書封做館陶縣
男後頭封代國公賜與四百箇民戶做食
邑

孫鍾幼失父事母至孝遭歲荒以種瓜爲業
瓜熟常以設行者家事福德神甚虔瓜熟未
獻神不以設也忽有三少年詣鍾家乞瓜鍾
曰吾未獻神子姑坐即起入獻神引少年入
設瓜及飯飯訖三人謂曰我蒙君厚恩今示
子葬地葬之後子孫世世貴不可言遂令鍾
下山百許步勿返顧見我去即葬地也鍾去

不六十餘步便返顧見三人並為白鶴飛去
鍾記之遂於此葬母其塚上常有五色雲氣
屬天鍾後生堅母孕堅夢腸出繞吳閶門以
告隣母曰安知非吉祥堅後生權權生亮亮
生休休生和和生皓皆王於吳
古時孫鍾道的人年幼時父親殁了陪侍
母親至誠孝順遇着飢荒種黃瓜賣喫又
常常捨饋他行路的人喫他家裏長伏事
福德神道好生恭敬黃瓜熟了時不曾薦
神呵不饋人喫有一日三箇年少子弟到

孫鍾家央及黃瓜喫這孫鍾說我還不薦
神你們且坐一坐這般說了就起身入去
薦神後頭引這那三箇人入來擺者黃瓜
和飯館待的後頭這三箇人告說我們多
蒙官人厚恩我如今指饋你葬地葬了那
裏便後頭輩輩兒子孫富貴這般說了就
教孫鍾下山行到一百步地不要回看我
們的去處這便是葬處這孫鍾行不勾六
十步便回看那三箇人都變做白鶴飛去
了孫鍾心裏記得那地岱葬了母親那墳

墓上常常有五色彩雲籠罩連天孫鍾後
頭生下兒子叫名堅他娘子懷這孫堅時
夢裏肚腸流出來繞着吳閶門上把這意
思和隣家婦人說這箇是好祥瑞果然後
頭孫鍾的子子孫孫都做了吳王
唐尚書蘇頲少時有人相之云當至尚書位
終二品後至尚書三品病極呼巫覡視之巫
云公命盡不可復起頲因復諭以相者之言
巫云公初實然由作桂府時殺二人今此二
人地下訴公所司減二年壽以此不至二品

趙凤做桂府有二吏訴縣令趙爲令殺吏乃
嗟嘆久之而死

唐朝尚書蘇趙年少時相人看他說當做
二品尚書職事後頭蘇趙做三品尚書病
重臨死時請師婆端公來看病那師婆說
大人命盡不得再起趙說年少時相人說
得了二品職事你怎麼說命盡不得再起
師婆說當初雖是這般麼大人做桂府做
官時枉殺了二人那二人到地下告訴緣
此減二年壽數又減二品職事趙想道我

會做桂州時有二吏調詐縣令我為那縣
令殺了二吏果然是這般嘆息等一會死
了

楊寶性慈愛年九歲至華陰山北見一黃雀
為鴟梟所搏墮地下為螻蟻所困即懷之安
置梁上又被蛇蟲所齧乃移置箱中采黃花
飼之毛羽既成朝去暮來積年之後忽與羣
雀俱來哀鳴繞寶數日乃去是夕忽見有一
童子向寶再拜曰我是西王母使者往蓬萊
過此為鴟梟所搏君仁愛拯救數承恩養今

當受使南海不得輒夕奉侍流淨辭别以白環四枚與寶曰令君子孫潔白位登三公後當如此環矣寶生子震震生秉秉生賜賜生彪四世三公果應白環之數天下無比一

古人楊寶年紀九歲時到華陰山扺邊見一箇黄雀見被那鴟梟打害落在地下又被螻蟻侵他這般受苦那楊寶懷裏抱將來放在梁上那雀又被蛇咬撇放在箱子裏每日摘着黄花養活那雀見生出翎毛長大了早起飛去晚夕回來這般往來將

幾年多有一日忽然帶衆雀兒飛來哀鳴
好幾日還飛去了那一日晚夕有一箇童
子向前來謝拜說道我是西王母差使的
前日往蓬萊地面去時到這裏被那鴟梟
打害蒙大人可憐見救濟多蒙恩養過着
如今又蒙差南海去不得早晚侍奉就帶
哭辭別時把四枚白玉環與楊寶說我教
你子孫清廉做三公後頭和這玉環一般
清潔這般說去了這楊寶生下兒子震震
生下兒子秉秉生下兒子賜賜生下兒子

彪這四代都做三公果然白玉環數兒一般天下人都趕不上他

隋侯見大蛇被傷而治之後蛇含珠以報其珠徑寸純白夜有光明如月之照可以燭百里故世號為隋侯珠

隋侯道的人見大蟒蛇被傷害了把藥來醫療瘡處後頭無多日那蟒蛇口裏啣將珠子來報恩那珠子一寸來大小好純白黑夜呵月光一般明亮照光一百來地因此世上人叫名隋侯珠

毛寶為豫州刺史戍邾城令一軍人於武昌市買得一白龜長四五寸置瓮中養之漸大放江中後邾城遭石季龍之敗赴江者莫不沈溺獨毛寶被甲投水中覺如墮石上須臾視之乃是所放白龜既得至東岸龜乃回顧而去

毛寶做豫州刺史守備邾城時教一箇軍人送武昌市上買一箇白龜來身長四五寸這楊寶放在瓮裏養他漸漸長大了還放了江水去後頭這邾城遇着石季龍軍

馬打劫軍人每都江水裏淹死了這毛寶
穿甲投水中落在若頭上一般等一會看
却是自家放的白龜這毛寶纔過江上岸
那白龜回看還水裏入去了
曾公亮泉州晉江人布衣遊京師舍於市側
聞旁舍泣聲甚悲朝過而問之旁舍生欲言
而色愧公亮曰若第言之或遇仁者戚然動
心免若於難旁舍生顧視左右久之曰僕頃
官于某以某事用官錢若干吏督之且急視
家無以償之乃謀於妻以女鬻於商人得錢

四十萬行與父母訣此所以泣也公亮曰商人轉徙不常且無義愛弛色衰則棄爲溝中瘠矣吾士人也孰若與我旁舍生且以女與君不獲一錢猶愈於商人數倍然僕已書券納直不可追矣公亮曰第償其直索其券從不可則訟于官公亮即與四十萬錢約後三日以其女來俟吾於水門之外旁舍生如數商人果不爭攜女至期以往則公亮之舟已行三日矣其女後嫁爲士人妻公亮後登相位累封魯國公年八十卒

古時泉州晋江裏住的布衣秀才曾公亮到京師街市根前住坐有一日聽得街坊一箇人啼哭悲哀早起過去時問伱怎麼這般啼哭悲哀那人要說麽害羞說不得的模樣公亮說伱若開說呵或有仁愛的人可怜見伱救濟也不見的那人看左右等一會告說我曾借用官錢四十萬因家道十分艱難還不得如今官司差人百般折倒趲的緊無柰何和家人商量把這女兒賣與客人要了四十萬銅錢寫與他文

契到明日和爺孃相別因此啼哭公亮說
買賣的客人四下裏走無有定處也無好
心一時間年大面醜不愛他飈了呵做一
箇叫化的人我是讀書識理的人你若與
我呵強似與客人那人告說我的女兒與
秀才呵雖是不得一文錢也強似客人上
得數萬錢麼只是已受銅錢四十萬寫與
他文契如今回的難怎麼好公亮說你如
今還他四十萬銅錢要那文契假如他不
肯呵告官便好就與他四十萬銅錢又說

伱等三日帶伱的女兒到水門外尋我的
下處那人依着秀才的擺布還他四十萬
銅錢要他文契那客人不爭便回了那人
過了三日帶他女兒到水門外尋問下處
公亮上舡已去三日厥後那箇女兒嫁做
朝官的娘子公亮也做宰相封魯國公年
到八十歲歿了

王知縣官南昌時一日淩晨見一婢子堂中
執箒而泣詰其故乃云憶舊事不覺淚垂因
言妻本陸知縣之女父亡替去經過鄱陽湖

為刼賊所害獨留妻一身流轉到此詢之縣
吏皆曰然遂語其妻曰任途交代有兄弟之
契今此婢子乃前交代之女須與看承擇良
配家之知縣有女許鄰邑知縣之子涓日畢
禮遂書報之曰近得前故交代之女年已及
笄欲那展一年收拾餘俸以辦奩具與女子
同時出嫁鄰邑知縣報云某有一姪年幾弱
冠請將令女奩具中分之嫁吾子與吾姪庶
成一段義事也出嫁之夕知縣獨下視事忽
見一人拜於庭下稱閻之云前任知縣陸鴻

漸須遭劫賊留一女在此念其流落無歸常相逐令蒙矜憐嫁遣故來相謝公緣此陰德增壽一紀將來子孫二人同及第語畢遂不見後果如其言

古時王令遵的官人知縣南昌時有一日最早是一小妮子堂前拿者苕帚啼哭王令問你怎麼啼哭小妮子告說想念舊事不覺流下眼淚就說小妮子是舊時知縣的女兒父親考滿替去時經過鄱陽湖被強盜打劫一起大小男女乾淨都殺了只

留小妮一身轉到這裏王令聽得就問縣吏都說是王令對娘子說仕路上交代其間有弟兄之義今這小妮子是舊交代的女兒必須可憐看承他揀良配嫁與他那早晚王知縣有女兒早許隣知縣的兒子揀日定婚因此送書報說近得舊交代的女兒年紀到中嫁要備辦裝奩和我的女兒一時成婚還未得良配那知縣聽此回報說我有一箇姪兒年到二十還無有配女如今請貴女的裝奩那分嫁我的兒子

嫁我的姪兒可庶成一段義事這般說定到送嫁的晚夕知縣王令燈下看書忽見一人庭下叩頭再拜王令問你是甚麽人他告說我是舊知縣陸鴻漸前日被着賊害一起人都死了只留這小女兒在這裏憐見他轉走無歸處每日根者走不想今日蒙大人可憐嫁送時來拜謝就告說大人因這陰德加增壽數後來子孫都中科舉這般說便不見去了處後頭果然和那說的一般

韋丹年近四十舉五經未第嘗乘蹇驢至洛陽中橋見漁者得一黿長數尺置橋上鬻之羣萃觀者皆欲買而烹之丹獨憫然問其直幾何漁者曰得錢一千則鬻之是時正天寒丹衫襖袴無可當者乃以所乘驢易之既獲遂放於水中徒行而去時有胡盧先生不知何所從來占事如神丹因問命胡盧曰我爲知君之福壽元公即吾師也當往詳之遂相與策杖至通利坊見一大門制度宏麗擬於公侯之家有一老人鬚眉皓然身長七尺褐

裘韋帶自稱曰元濬之向丹盡禮先拜丹驚
拜曰某貧賤小生未諭丈人厚禮過之老人
曰老夫將死之命爲君所生恩德如天豈容
酬報丹因知其龜也終不顯言之遂具珍羞
留連竟日既暮丹將辭歸老人即於懷中出
一通文字授與丹曰知君要問命故聊以此
爲報丹再拜受去其書云明年五月登科受
咸陽尉又某年登朝作某官如是歷官一十
七政皆有年月日最後遷江西觀察使御史
大夫到後三年廳前枯樹花開當有遷改以

歸矣丹常寳持之自經及第後至江西觀察
使每受一官日月無所差異焉廳前枯樹一
株開花丹還去官歸至中路而卒
唐時韋丹道的秀才能通五經麼年紀到
四十歲不得中擧騎一箇蹶驢子到洛陽
地面裏去時見路邊扌魚的人拿一箇長
幾尺的大黿罷來橋上放在要賣衆人都
要買賫喫那秀才看他可憐問他價錢多
小他說得一千文銅錢呵賣與你那早晚
天氣寒冷他穿的衣服無一件中價的把

自騎的驢子饋他買了還放在水裏步行
去時撞見一箇胡盧先生不知從那裏來
筭命如神那秀才要筭命那先生說我呵
筭不得你的壽福元公是我的師傅到那
裏筭去罷就和那秀才柱者柱棒同到道
刹坊見 箇大門子蓋的十分好王府一
般的大宅子裏頭有一箇眉毛髭鬚純白
七尺長身材披者皮襖繫者皮帶的老官
人自家叫名說元濬之看那韋丹盡禮數
拜那秀才惶恐跪拜說道我是箇貧賤的

你秀才不知大人怎麼這般厚意摟我的
緣故那官人回說先人遭着災難七八待
死被先生救活的陰德天二一般怎敢容得
幫荅這秀才纔知道胜罷麼直不曾現說
那老官人備辦宴席留住館待到晚夕辭
了回來時那官人懷裏拿出一通占書與
他秀才說我知道先生要筭命因此把這
箇鄭荅你這秀才再拜受者回來那占書
裏說明年五月裏中舉得咸陽尉官又甚
年上到京師做官這般記者十七遭官職

都寫着年月日子臨了轉除江西觀察使御史大夫三年後官廳前面枯樹上開花呵便盡命分這般寫者有這秀才把這占書寶貝一般帶者走後頭那秀才中五經科舉臨了做江西觀察御史大夫每除官職的日月和占書一般有一日廳前一顆枯樹上開花了這韋丹就棄了官職回家去時半路上死了

唐末天下大亂賊兵四起百姓不得力農四海飢荒人民畜產殆死無餘又值冬日雪深

四五尺禽獸亦皆餓死有一野鳥飢甚飛集
田頭見鼠往来田間鳥以為鼠藏米穀進前
請米鼠即借来鳥得来而歸飽腹終日飛啼
自在之際又有一飢鳥見野鳥飽腹快樂默
許以為鳥得来而食低聲問曰小弟汝何處
得米近日如此飛啼自樂歟野鳥直告借来
之處鳥云大兄憐我飢饉瘁我皆歸償来之
家如何鳥應諾偕詣其處田鼠見食去歸閙
曰汝何故来歟鳥曰此鳥大兄飢餓因我乞
米来耳鼠一見鳥之憎態心不悦反曰譏之

積来曾已散盡即走入穴良久不出鳥聞其
言慚愧與鳥言曰盜在此見鼠之出鳥即飛
逐鳥忿忿不已獨立穴前待鼠之出謀欲害
之鼠以為鳥會飛去矣走出穴外鳥擊啄鼠
之頭腦鼠須臾而斃鳥即飛去告鳥曰我啄
殺鼠矣鳥聞其言痛甚哀鳴飛至鼠死之地
鼠死已在溝中美鳥悲鳴彷徨不去此乃借
来不均之患也

唐末天下亂了四下裏賊兵横行百姓每
不得耕種天下飢荒餓死的人嗎頭戶只

不說冬月天連日下雪四五尺高飛禽走
獸也都餓死有一箇野雀兒餓的當不飛
到那田頭墓殘裏頭坐的時節有一箇田
鼠頻頻的來往這野雀心裏計較他好歹
有攢積來粮粒到根前去要借些粮田鼠
說有粮借饋你野雀借得粮去喫的飽了
早起晚夕噪鳴快活老鴉却見野雀喫飽
快活料麼著說這野雀必定討粮來喫[illegible]
低聲哀問兄弟你那裏去討些來粮喫[illegible]
幾日那般噪鳴歡樂野雀兒老實說了[illegible]

粮的意思老鴉說道雀大哥可怜見齊我去借者来粮野雀見便引他去見那田鼠田鼠對野雀說雀兄弟你来何故野雀回說我這老鴉大哥無有喫食教我引来借些来𥹋喫這田鼠一見老鴉生的形容狼歹心裏嫌他說我有多少粮米怎道借出都散了這般說就走入窟窿裏一向不肯出来野雀見聽他說害羞教這老鴉[illegible]出看他便飛去了老鴉惱的當不得獨自要在窟窿前面等出来要害他田鼠見怕老

猫已曾去了忽然走出來三一不知被那老
鴉把頭腦上翎破就死了老鴉飛去對野
雀說家裏田鼠來了野雀聽得這話悲鳴
哀痛飛到田鼠死處見了田鼠被殺屍在
田溝裏這野雀悽惶哀鳴彷徨不去這是
借糧不均逢這災害
昔有一兔與雌熊鬬話兔再勝一日熊忽然
到兔家因言曰近日吾家多瑞物兔曰何[illegible]
也熊曰千年紅頂鶴從天而下萬年綠毛[illegible]
自海而來老鼠生驢不數日如馬大又有猫

生三羔兒皆解文兔嘆曰惟我何有如此之理乎熊曰汝若不信明日來視翼日兔果蚤熊家敲門呼之有一个熊出門應答兔問汝家子年紅頂鶴今安在小熊答曰凌晨上天萬年綠毛龜安在拜龍入海鼠之兒安在曰家君騎獵去又問猫之子曰長學書去次學射去次商賈去又問汝毋何不出來答曰老毋上寺焚香而去皆不在兔被欺空去空來此所謂躍躍毚兔遇犬獲之

古時一箇公兔子和老毋熊鬪話兔子每

這贏了有一日老熊氣不忿到兎兒家裏說這兩日我家裏有祥瑞的東西兎兒說甚麼東西老熊說千年朱頂鶴兒從天上下來了萬年綠毛龜海裏出來了老鼠下一箇公驢子不到七日馬一般大了猫兒下了三箇羔兒都識字兎兒說欵好妖怪那裏有這等老熊說你不信我明日來看麼到明日晌午時分兎兒到熊家裏敲門小熊出來荅應兎兒問你家裏有千年朱頂鶴兒還有麼小熊荅應說最早起天

上見玉皇大帝去了萬年綠毛龜有麼他說海裏見龍王去了老鼠下的公驢子有麼他說我的父親騎者打圍出去了貓兒下的三箇識字的羔兒有麼他說大的學裏上學出去了第二的教場裏扱錄去了第三的街上買賣去了又問你的母親怎麼不出來他說寺裏燒香去都不在兒突道兒走回去這箇是躍躍攛兒過天覆

之

党太尉宋朝人三三日歸公署未還其子奉禮

於祖母祖母怒令面縛置之雪樹下太尉夕還問家人家人荅以失禮於祖母太尉立呼人使脫衣面縛令置于傍莫母見之即問太尉汝何故自縛乎太尉愉色荅曰母陳吾之乎我陳母之乎母笑而釋之此所謂事親不在於酒肉在於養志也

宋時党太尉道的官人有一日衙門裏坐去時他的兒子祖孃根前無禮祖孃惱他把那孫子背綁颩在雪中樹下太尉散衙門到家見他兒子綁了問這緣故家下人

說道老婆婆上無禮婆婆惱他這般做來太尉就叫伴當教剝了自家衣裳又教綁了自的身子放在兒子傍邊母親見他這般做來問太尉說你怎麼這等樣兒太尉笑著回母親說母親凍我的兒子因此我凍壞的兒子母親聽得他戲言歌歌的笑了放他兒子阿的便是孝親不在酒肉只在養志

昔蘇東坡為徐州太守時州有二妓容色可愛人皆悅之車馬日盈其門歿年至十八急

有娠彌月生一子曾一見妓者皆以為已子訴於太守太守曰汝等聽吾語大抵妓女所生其父難辨吾今為此小兒別立姓也乃書曰葉保兒汝等一心恤養可也爭子者曰既蒙太守賜姓又使我等得共撫養小兒敢不從命然我等未解以葉為姓太守笑曰此葉字二十人做頭又三十人做腰又十八人做足爭子者皆有慚色

古時蘇東坡道的官人除做徐州太守時節有一箇衏衏生的十分可喜來往人每

都來爭要帶歇因此車馬常滿門户這衕
衕年到十八歲忽然懷娠生下一箇俊俊
的小廝曾過同床四方的人每都來告狀
院落裏一齊的跪下爭者說道是我養的
兒子這般衆人鬧噪起來爭要做他兒子
這蘇太守喝住他衆人噤聲都叫靠前來
分附說道大縣衕衕生下的兒子元來難
認做爺爺衆人仔細聽我說我如今為這
小廝立起姓氏叫做葉保兒你衆人合當
一心兒撫恤養活衆人告說既蒙太守立

姓葉又教衆人撫養何敢不聽發落然衆
人呆癡不得知道怎麼叫這廝立姓葉
東坡大笑回說我如今解字與你們葉字
呵二十人做頭二十人做腰十八人做脚
說的是那不是那衆人聽得這話都害羞
退去了

昔有徐神翁者甚畏其妻後爲知縣挈家赴
任一日坐公廳見掾吏之臉有傷問汝與何
人鬭毆無乃爲汝妻所傷乎吏白昨夜月白
我於後園葡萄架子下翫月忽風倒架子遂

傷小吏之面知縣曰不然即招椽吏妻叱之曰以順爲正妾婦之道也汝爲吏妻如何傷家長之面乎吏妻聞之皇恐直告曰妾因妬誤批家長之面知縣將撫律科罪知縣之妻聞之大怒挺身突出聲色俱厲抛以瓦石蹴倒書案知縣目椽吏曰汝夫妻姑退縣衙葡萄架子亦爲風倒一縣士女聞之皆笑

古時有一箇徐神翁道的官人常常怕娘子但干女色的事呵閑言閑語也不敢提起後頭除做知縣帶領家小到任有一日

這官人出坐廳上斷公事時傍邊有一箇
外郎來押文書知縣却見那外郎的面上
有抓破處問外郎你和甚麼人廝打這般
遭傷莫不你老婆抓了外郎跪下回說何
有此事昨夜月亮在後園葡萄架子底下
翫月賞景還着旋窩風吹倒了那架子被
那葡萄藤刺磕抓了有傷知縣嚇者外郎
說道這廝潑皮你休胡嘴便拘將外郎的
娘子來教他跪地大罵說道咳這醜婦你
做婦人全不曉事大緊婦人和順為貴夫

者婦之天怎麼欺負了丈夫打傷面兒這
娘子怕的慌了開說那拆破的事知縣魂
知道就斷罪待要決杖時知縣的娘子聽
這斷罪的話猛可里拿將石頭瓦子拋打
那知縣高聲大罵出來踢倒了書案聒噪
這知縣驚惶就叫外郎說道你兩口兒且
退去我這屋裏的葡萄架子也倒了當縣
住的大小人每都聽得這話笑的無盡
漢何敞為交阯刺史行部到蒼梧郡高要縣
暮宿鵲奔亭夜猶未半有一女子從樓下

自云妾姓蘇名娥字始珠本廣信縣脩里人早失父母又無兄弟夫亦久亡有雜繒百二十匹及婢一人名致富孤窮羸弱不能自振欲往傍縣賣繒就同縣人王伯賃車牛一乘與錢萬二千載妾并繒令致富執轡以前年四月十日到此亭外于時已暮行人既絕不敢前行因即留止致富暴得腹痛妾往亭長舍乞漿取火亭長龔壽操刀持戟來至車傍問妾曰夫人何所從來車上何載丈夫何在何故獨行妾應之曰何勞問之壽因捉妾臂

欲汙妾妾不從壽即以刀刺脅妾立死又殺致富壽掘樓下埋妾并婢取財物去殺牛燒車車杠及斧骨投亭東空井中妾死痛酷無所告訴故來訴於明使君敞曰今欲發汝屍骸以何爲驗女曰妾上下皆着白衣青絲猶未朽也掘之果然敞乃遣吏捕壽拷問具服下廣信縣驗問與娥語同敞奏達朝廷典刑責示

漢時節何敞做交阯刺史到任去時行到高要縣日頭落了就這縣鵠奔亭樓傍歇

宿過了一更不到二更鼓有一箇小女兒
從樓下出來告說小女叫名蘇娥原係廣
信縣修里住的人年幼時爺娘殁了又無
大人親戚丈夫也早殁了只帶一箇小尼
守致富艱難過活家裏別無甚麼錢財只
爺娘流下的雜色絹子一百二十匹小女
將上項絹子欲往傍縣去賣收買別的物
件使用本縣裏住的王伯家饋一萬二千
貫鈔雇一輛車子裝在絹子妾坐在上
頭着小妮子致富趕牛年前四月初十日

到此亭外日頭也没了行人也斷了黑暗
難行就這裏歇宿遇着小尼子致富急患
心疼小女往亭長龔壽家乞藥討火龔壽
拿着長刀到小女車傍垩者嚇問你是那
裏來的婦人這車上裝的甚麼東西丈夫
在那裏你却怎麼獨自來了小女告說惶
恐惶恐大人怎麼這般勞問龔壽拿我的
肩臂欲要行奸小女强不從龔壽便將拿
的長刀剌小女胸堂就死了又將致富剌
殺了龔壽自手掘開樓下五六尺深地坑

把小女致富颩在坑裏把土盖了車上裝
於一百二十匹絹子他都家裏搬去把車
子乾淨燒了駕車的兩隻牛都殺取肉把
骨頭颩在亭後枯井裏藏了小女哀痛一
年無有告處今日見明官到此特來告訴
要察雖大人可憐見何敢說我明日等天
亮教挖開看麼怎麼認的你的屍骸交之
告說大人這箇容易知道小女穿的上下
衣裳都是白色兩脚穿的撒鞋青絲做的
還未朽了到明日挖開看便是女子告說

祖同訓無差誤就差人拿龔壽来栲問具服不虛就下廣信縣冊驗與人爭告說無異題奏朝廷斷罪砍了號令三日

訓世評話上

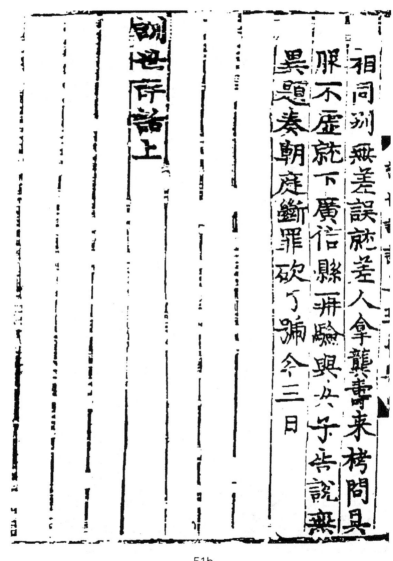

訓世評話下

時校爲鄭州牙校補軍將吏部差抑至成都
年已六十四歲婦方四十餘未有子謂其夫
曰我有白金百兩可携至成都求一妾歸冀
得子爲身後計時校至成都訪牙儈見一女
甚姿麗詰其家世不對見其以白布總髮疑
而問之悲泣曰父本郡下人爲州掾卒扶柩
至此不能歸鬻妾欲辦喪耳時校惻然携金
往見其母以助其行又爲幹行計同上道[illegible]
中謹事掾妻至都下殯畢方辭歸妻迎問買

妻狀貌以實告妻曰濟人危急爲德甚大當
必爲君圖之未幾妻有孕生郎美後舉進士
第一官至吏部尚書

古者時挍道的人做鄭州補軍將蒙差本
州公幹往成都去時他的娘子對説公幹
紀六十四歲我也四十歲多還無有兒女
我饋你白銀一百兩你到成都買一箇小
娘子回來生下兒子做你後計那人到成
都訪牙人尋一箇女兒來好俊[illegible]
問那女兒你是甚麼人家的女兒他下吞

應便下眼淚又他白布總髮咱有些怜問
伱怎麼白布總髮他悲泣說我的父親本
係都下人做那吏病死了決觀到此家這
不能勾回去要賣我備辦喪葬那時校聽
得可憐拿着銀子到見他的母親逐他来
見又與他銀子做行路的盤纏早晚一路
到那都下埋葬回來他的娘子迎見問他
買小娘子來麼那人說我不曾買就問說
王頃的緣故娘子說好好伱救濟人的危
急好德厚後日再計較討也罷無奈時那

娘子懷身上下一箇兒子叫名那長成後
中進士第官到吏部尚書
漢時外郎宋行至極富饒其弟貧窮無有住
處夜則到舊窰止宿晝則市中乞食其兄全
不護濟但他人柳文卿胡子轉每日到請莊
遊戲外郎妻十分賢會對外郎說我聽得古
人云親不親古鄉人美不美鄉中水一箇懿
子夜行兩箇決同胞親弟每日乞食如何不
顧但外人相交不順天理外郎罵妻說道汝
不知弟也我兩箇朋友氷火相救交結如此

罵晉出去其妻中心曉計我夫如此不善何
以改之買一箇死猪穿着衣冠門外竪立外
郎乘昏醉酒回來睡一場起坐呼小奴實同
說我渴欲飲水其妻自去持水與飲耳邊說
門隅賊人來立外郎聽此持杖到門喝再三
打落不作聲回來對妻說我殺賊人何以藏
之其妻答說呼爾兩箇朋友議之外郎使實
同請兩箇朋友來實同歸去至五更回來外
郎問兩箇朋友來否實同答說彼二公云[illegible]
人事也不來外郎問何以知之實同說夜半

何以來請極問不得已說之從說不是小事不來外郎對妻說何以爲之其妻說呼爾乞食親弟來議之使實同到宴呼之其弟奔走扶來外郎開說仍云何以藏置其弟言云我負去山谷間藏之就負去到天明回來告云我藏在山谷間無人見之外郎云我今放心矣沒回去其妻說小留喫朝飯回去喫飯時待制衙門皂隸來說柳文卿胡子轉告狀云夜官人家殺人官司命我等請官人拿到結縛外郎丈妻與弟到官司其妻告說云

是殺人也實則咒狗也我夫親弟某甲每曰乞食我常常勸說不聽罵我說汝何知之我兩箇朋友水火相救如此交結義爲知心志曾狗假作人像殺之今日有哭請來議之不來反爲告狀請官司差人掘取來問知之官司差皂隷率外郞之弟掘取而來果死狗也官司備知題奏聖旨宋行抑文卿胡子轉各狀一百充軍其家財分半給乞食親弟

漢朝時有一介宋行道的外郞他家道十分富饒他的兄弟十分艱難無有住處累

夜裏到舊窰場裏睡了白日裏到街上叫化討飯喫這般貧窮受苦這外郎一些兒不照顧只和外人柳文卿胡子轉結做朋友每日到店裏打雙六下象棊打毬兒踢建子喫酒耍笑快活那外郎的娘子十分賢會對丈夫說我聽得古人說親不親古鄉人義不義鄉中水一介胡蘆破做兩箇厮他是半箇你是半箇你怎麼同胞生的親兄弟朝朝到街上討飯喫無心照顧只和外人結交不順天理外郎喝他娘子說

這婆娘伱知道甚麼事俺這兩箇覓象求
也水裏去火也火裏去這般結交爲他話
出去了這娘子心裏想道丈夫這等不采
怎麼做呵好我噴他一遭要知他的心貫
一介死的白狗來穿者白衣戴着帽兒假
粧人象豎起門旭畓裏那丈夫黃昏前來
醉酒回來瞧一場起來叫實同說我渴也
舀水來喫娘子故意自家去舀水饋他喫
就丈夫耳邊悄悄的說我才子舀水去看
門旭畓裏有一箇賊人豎着外郎怔起來

拿着大棍到那門口打他便倒了再打一
打不作聲回來房裏對娘子說我才子打
殺賊人藏在那裏怎麼計較好娘子說叫
你兩箇朋友來計較那外郎便叫實同你
去請我的兩箇朋友來實同走去多時不
來到五更鼓才來外郎說兩箇朋友來麼
實同說他說殺人的勾當怎麼得去不來
外郎說他怎麼知道殺人的事實同說這
半夜裏怎麼得請我留住我十分緊問我
無柰何開說緣故他說殺人的勾當不周

小可喜攀了好歹連累我這般說不來外
郎說這般時怎麽計較好娘子說叫你[illegible]
化的兄弟來計較看叫寶同你妻破[illegible]
叫我的兄弟來寶同去叫那兄弟慌怕[illegible]
的來外郎說這緣故叫化的說哥哥不來
慈我背去山峪裏藏的來到天明兄弟[illegible]
說我藏在山峪裏無人見了外郎說我[illegible]
子放心你如今回去娘子說請些[illegible]
喫早飯去等一會喫飯時待制衙門的[illegible]
箇空子來說纔子柳文卿胡子[illegible]

裏官人家發了人口請老官人去這箇說
就背綁了外郎和兄弟連娘子去到官人
前面娘子告說這殺人勾當不是人委實
死的白狗我這丈夫他的親兄弟十分艱
難每日沿街叫化討飯喫我常常勸說憐
見照顧照顧丈夫顛倒罵我說我這朋友
水也水裏去火也火裏去這紀結去的不
聽我說到今日家裏有災難請他討救他
不來顛倒告狀他不是人委實死的白狗
我要看他的心志買死的白狗嚇他大人

如今差人帶這叫化的抱將來看便知道官人便差人去抱將來看果然便是死的白狗官司把這意思備細題奏聖旨裏把擲文卿胡子轉宋外郎各杖一百遠地裏貶去了把外郎的錢粮分做兩分一分與他叫化的受用

古者有一人出征十年不還其妻長念不忘其家有一雄馬妻對馬曰我夫十年不還不知生死汝若尋來我與女子作汝妻其馬走歸及半月得夫回來其馬每日作悲嘶當夫

問妻曰此馬何若此乎妻答曰汝曾十年不還我對馬曰若得夫來與女作妻此馬尋波而來今不與之以此作怒夫曰雖得我來何以與女作妻即殺之剝皮曝乾其馬皮忽包女子隨風飛去後十日其皮又隨風而來掛于桑樹上其皮内皆是蚕兒蚕兒之種自此始

古時有一箇征討官出征去十年不得回來他的娘子長念丈夫幾時回來無日有忘他家裏有一箇兒馬這婦人對那兒馬

說我的丈夫出在去經今十年不知西之
你若尋得丈夫來呵便把我的女兒與
你老婆騎馬趕了遠路便走出去直到主
箇月尋得丈夫騎得回來撞頭那馬每日
惱怒亂叫常要踢咬殺人這般鬧噪丈夫
問娘子說道這馬怎麼這般亂叫時常
子回說你一去十年不來我長念你對這
馬說你若尋丈夫來呵我與你女兒做媳
婦這馬尋了你來呵我不與他女兒因此
這馬這等惱怒丈夫對娘子說雖是尋得

我來呵怎麼與他女兒就殺了剝了皮子
曬乾時節猛可裏打起旋窩風那馬皮包
了女兒隨風飛去了到十來日那馬皮又
風裏飛將回來掛在桑樹上開了看都是
蠶兒這蠶兒之生自此為始

鄭叔通初已定夏氏女為婚及入大學遂登
第既歸則夏氏女已瞽其伯如欲別擇叔通
堅不可曰此女某若不娶乎生遂無所歸況
以無恙而定之婚因疾而棄豈人情哉竟娶之
其後叔通官至朝奉大夫瞽女所生一子六

有官

古時鄭叔通道的人夏氏家裏定婚到大學舘裏讀書中第回來夏氏啞了口說不得言語他的爹娘和嫂子要别處再許定婚叔通堅執不肯說道這箇女兒我若不娶呵平生無有去處又是他無病時定婚如今有病撇了呵有甚麼人情這般說罷直娶了後頭叔通做到顯官啞女生下的〻一箇兒子也做官

元朝書生宋寬到楚國路傍有一神女廟過

行人不祭則必有災寬行至此廟備禮祭之跪告曰吾聞神女有慈有悲救濟惸獨願降下濟一寒生如此至誠極禱少頃神女乘雲下來寬驚恐伏在廟邊神女坐廟榻上形貌極俊神女呼寬進前曰我感汝之誠降臨陽世敢不從命然汝食葷醒飯食不淨汝若斷棄飲食則我當再來寬信其言忍饑一月神女下來曰再承厚意而來然見汝換擇不淨不欲從也言訖而去不知歸處寬妄從神女妖情虛受勞苦

元朝宋寬道的秀才遊學到楚國路傍有
箇神女廟這神道好生利害過路人不祭
他呵好歹降下災難因此這秀才也到廟
裏擺果子酒肉祭一祭就跪著禱告[illegible]道
聽得神女有[illegible]有悲[illegible][illegible][illegible][illegible][illegible][illegible]
下廣[illegible]寒[illegible]遍[illegible]至誠禱告[illegible][illegible][illegible][illegible]
女果[illegible][illegible]雲下來[illegible][illegible]却是皇[illegible][illegible][illegible][illegible]
瑩邊這神女坐在那[illegible][illegible]見[illegible][illegible][illegible][illegible][illegible]
十分可喜那[illegible]女便[illegible]來寬道[illegible][illegible][illegible][illegible]
感承秀才至[illegible]降臨[illegible]僅[illegible][illegible][illegible][illegible][illegible]

你口裏葷醒飲食你若斷這醒葷呵我便
再下來宋寬聽這神女的言語就斷與食
忍餓一月神女果然又下來說感荷你的
至誠便當從命然你模樣不乾淨也難和
你做親這般說了去不知去處這宋寬迷
他神女妖精耍賺了乾受勞苦
范純仁字堯夫蘇州人仲淹之子也嘗
往東吳得租麥五百斛舟載以歸道會故舊
石曼卿自稱三喪不舉世無郭椁無以告者
純仁悉以麥舟與之歸而拜父于庭父問東

吳曾見故人否純仁曰見石曼卿云三喪在淺土父曰何不以麥舟與之純仁曰已與之矣其後登皇祐元年進士第官至尚書右僕射兼中書侍郎卒贈開府儀同三司謚曰忠宣

范純仁是蘇州吳縣人他往京裏去買祖麥五百擔載船回來時尋這着見父親說故舊石曼卿在說遭爺娘兩喪因家道艱難還不葬了純仁把麥子連船都饋回到家裏庭下拜見父親父親問你到東吳

見我的故舊石曼卿麼純仁言說我見了他遭爺娘喪他因艱難還不葬了父親說你怎麼不與麥子純仁告說我都饋他回來厥後皇祐元年純仁中進士第官到尚書右僕射卒後贈開府儀同三司忠宣公[illegible]

蔡州有一商將赴京妻曰汝到京師買梳而來商曰我善忘汝畫形示之妻指半輪月曰此是梳形也商曰諾暨到京師要一妓盡賣其財空還從者曰娘子所求何不買來客人答語仰視皎月團團恰似明鏡那買銅鏡置

諸箱中回程到家其妻饋酒三盃仍言我請
首飾何不買来商開箱示之便是銅鏡妻對
鏡見其影怒擲鏡大罵姑曰我子纔回家汝
何故與鬪妻曰姑今帶妓而来姑云妓在何
處妻取鏡示之姑見其影姑又怒擲鏡罵子
曰畜生畜生婦之罵汝豈不宜哉爾帶小艾
猶為不足又帶老婦而来乎隣人聞之笑曰
爾不知明鏡照姸醜真天下第一癡也

蘇州住的一箇鋪家待要買賣赴京去時
他的娘子和丈夫說孫到京裏頭要買一

箇梳子來這丈夫說我是善忘你畫與我㨾子娘子說何須畫　你如今正是月初新月曲彎便是梳㨾一般你只看那天上新月記得有甚難丈夫說是記得容易我便買來饋你却到京裏養一箇衏衏弄盡了錢財情事不成就忘記了不想買梳子收拾行李起程時根他的一箇伴當告說官人你臨行時娘子分咐買頭面官人既應許了却怎麼不買那丈夫才記得起來麼只忘了買甚麼東西只想天月的言語

遣是月望皎月團團明鏡一般就買一箇銅鏡着紙包了裝在箱子裏回程到家娘子見丈夫便安排酒肉勸飲三杯做箇洗塵問說外人都說你到京裏戀花迷酒今日方見不虛人言你臨行去時我分咐買頭面你怎麽不買来丈夫回說已自買来了便開箱子取将来却是銅鏡這娘子對鏡看却有美貌婦人他不知自影照現就惱起来把這鏡子還跌在箱子裏村言太罵亂打丈夫姑婆近前来罵那媳婦說道

我的兒子才回到家却因甚事聒噪廝打媳婦回說媽媽不知道人都說他到京迷花戀色果然如今帶一介術術來了媽媽說術術在那裏媳婦說我才看了還颩在箱子裏媽媽開那箱子看沒甚麼么又問媳婦術術在那裏媳婦說在這銅鏡裏頭媽媽取那銅鏡來看有老婆在裏頭這媽媽也不知自影照鏡又惱懆颩了那鏡子罵他兒子說咳畜生畜生媳婦打你好休道是京裏去養術術現將老師傅術術

也帶的來了這媳婦和姑婆這等哈打胡梩廝打隣舍人每聽得這話都來笑說自古明鏡照妍醜你怎麼不知道是天下第一癡

有一老嫗有女年十八居古寺洞老嫗每曉到寺佛前燒香祝曰願以女作大州官妻寺之老僧竊聞一日五更頭藏身佛後老嫗又來燒香祝願老僧若佛語者曰汝女命合著爲此寺老僧妻可延年不如是壽不過二十可待老僧睡覺議之僧語訖潛還方丈老父

到方丈窻外微行作聲僧曰何人老女曰我是居洞口老女也今聽佛教欲告長老僧曰恠哉汝來言之老女曰我有一女每早到佛前祝曰願爲大州官之妻今日佛言汝女命夭爲長老妻則可延壽僧曰我老僧何敢取汝女老女曰願矜憐之來歌一二日以救人命僧曰我不知吉日老女曰我亦不知何日是吉請長老自擇僧看曆書云今月初七日乃吉女曰我到家備禮待之老僧喜作籠子至期僧負籠往女家取其女置籠中封之負

籠而還沿路唱曰汝見負負和尚耶汝見負
義女籠和尚耶忽值州官之行其州官聽僧
唱而異之彎弓擬僧僧棄籠而走州官開籠
取女以生豹置籠中封之而去其僧謂女在
籠中遂負籠還寺呼諸弟子曰弟子今夜雖
有戲聲勿來窺之否則杖汝到初夜僧滅燈
從籠窓隙以手弄之豹怒以爪爪其手僧曰
女兒女兒爾莫怒俤所賜也务開籠忽豹突
出咬僧僧呼弟子曰弟子弟子豹咬我請弟
子皆不肯往救曰當夕師教我勿窺遂不救

豹咬殺老僧跳墻而走

古時有一箇寺院崖澗下面住的寡老婆帶十八歲的女兒過活那老婆每日纔到天亮到寺裏佛前面燒香禮拜禱告願我的女兒做大州官的娘子每日這般至誠禱告那寺裏的老和尚知道這禱告的意思有一日五更頭起來到佛背後藏身伺候還是那老婆來禱告時那和尚說你的女兒命短饒這寺裏的老和尚是好歹延年長命不這般是不過二十歲死了又說

你且外頭伺候等和尚起来坐定時到那
裏說一說這般買他那和尚走到房裏坐
的老婆到窓外悄悄的走作聲和尚說甚
麼人来到這裏老婆說我是這寺院裏伺
下住的老媽媽才子佛說話要告長老知
道老和尚說咳好妖怪你入来說一說着
婆到裏面告說我有一箇女兒每日到佛
前面燒香要顛倣大刚官的娘子今日佛
說命短倣這寺裏長老的娘子呵便長齡
我要說這意思教長老知道和尚說道咳

我一箇老禿師怎麽敢要貴女老婆說可憐見家裏來一兩日同床救命和尚說既這般是不知幾日好老婆說我知他幾日好從長老說定日子這老和尚看曆頭說這月初七日好日子我那一日去老婆說既這般時我到家裏伺候打發送了把荆條子做籠子前面做窗四面都糊了到初七日那和尚背着籠子到他家裏把那女兒坐在籠子裏打封了窗畫押子去時說背的背的和尚見了麽背着丫頭的和

尚見了麽這般耍話去時路上撞見大州
官那州官道是無有娘子聽得那和尚的
耍話故意嚇他要射的樣子和尚見的慌
了背的籠子颩在路邊走到山峪裏藏身
趕去那州官開了籠子看裏頭好女兒坐
的拿出來着馬上騎就帶去的金色獅子
放在裏頭還和尚一般打對畫了連忙走
去那和尚回來不仔細看還背着籠子到
寺裏坐的叫大徒弟來說徒弟徒弟假話
今夜這房裏有貼乘的聲音時節來偷聽

着呵大棍子打伱咄小徒弟来還是這般
分付不到一更吹殺燈解了籠窓入手那
豹子跳破了手和尚說女兒女兒不要這
般伴與的大閙了籠窓豹子跳出来這邊
咬那邊咬和尚大聲叫大小徒弟老虎入
房咬殺我伱們快来救一救大小徒弟說
我們去呵大小棍子打我怎麼敢去兩箇
相推不去豹子咬殺了和尚哭了頭腦跳
墻走去了

古者有一縣廳北有古墓一日縣令問縣吏

問此何人之墓乎縣吏曰此古縣令之墓也
縣令曰何可葬在廳北乎移葬宜速遂移葬他
處縣吏如其言掘土四五尺深前面有一大
瓮燃火兩邊亦有大瓮盛油而空其瓮前
面瓮之油乾則兩邊瓮之油流入其前面又
齊一觔鐵牌寫曰許由許由主事幸來添其
增油縣令見之惶懼不已即毁廢如舊埋
之語縣吏曰我後日死則設擧埋之何處縣
吏曰從大人之命縣令曰我死據然而去擡
折毁埋之可也居數日縣令果死縣吏擡屍

而去行至十五里許山下轎忽折落即掀其地堀土四五尺深得一鐵牌寫曰無物則問我而覓縣人與令之子即葬其地令之長子賫其鐵牌而藏之于家無米則擊而出之無酒則擊而出之諸般之物莫不以此而得之一日令之次子告其兄曰此鐵牌不是兄之私物乃天與我兄弟共用之物也請輪日而藏之其兄不肯曰雖在我家凡諸擊出之物皆分用之汝何爭焉其弟強之兄不獲已與之其弟受而藏之一日無米出而擊之火焰

燄燄再擊而火遂大熾屋宇財物盡爲煨燼
古時有一箇縣裏正廳北後有一座墳墓
年代久遠有一日縣官對吏說這廳後甚
麽人的墳墓縣吏說我聽得古時縣令的
墳墓縣令說雖是縣令怎麽葬在正廳後
你們挖出移在別處埋了就挖了五六尺
深前面放一箇大缸點燈兩邊也放大缸
盛油鑽眼前面缸裏的油乾了時兩邊缸
裏的油流進去前面又有一箇鐵牌子寫
者許由許由五百年上天添油遭是縣令

的名子許由縣令見了心裏十分驚恐再
淌淌的滚油依舊埋了就對縣吏說我後
日死了呵恁們埋在那裏縣吏說從大人
的命縣令說恁們擡我去時扛折處埋了
無多日那縣令死了擡了去時到十五里
地山底下扛折了就那裏挖土四五尺深
有一箇鐵牌子寫無東西問我討就那裏
埋了那箇鐵牌子縣令的大舍將去放在
家裏無有米呵打出来來諸諸般般的家
西都打出來受用有一日那大舍的兄弟

語告哥哥說這箇牌子只不是哥哥的天
與我兩箇弟兄的俺兩流放好哥哥說雖
是放在我家裏諸般打出來的都一般分
用你却怎麽這般說兄弟強要輪流放哥
哥無奈何拿出鐵牌與他兄弟那兄弟將
去打出来来火塊出來再打時大火出來
連房子錢粮乾淨都燒了
羅愛愛嘉興名娼也色貌才藝獨步一時而
又性識通敏工於詩詞是以人皆欽而慕之
稱爲愛愛卿同郡有趙氏子者亦簪纓族也父

亡毋存家貲鉅萬慕其才色以銀五百兩聘焉愛卿入門婦道甚修家法甚整趙三、嬖而重之聘之二年趙子有父黨為吏部尚書者以書名之許授以江南一官趙子欲往則恐貽毋妻之憂不往則又悲失功名之會躊躇未決愛卿謂之曰丈夫壯而立身揚名以顯父毋豈可以恩情之篤而悞功名之期乎君毋在堂温凊之奉甘旨之供妾任其責有餘矣但毋年高多病君宜常以此為念不可不早歸爾趙子遂卜行置酒酌別於中堂趙子

以醉[illegible]纔而行至鄧而久不能歸夫夫人以
憶子之故遂得重疾伏枕在床愛卿事之甚
謹湯藥必親嘗饘粥必親進一朝呼愛卿而
告之曰吾以功名之故遠赴京都遂絶音
耗吾父不幸成疾新婦事我至矣今而命殂
謝以相歟但願吾子早歸新婦異日有子有
孫皆如新婦之孝敬皇天有知必不相負言
訖而死愛卿哀毁如禮親造棺槨置墳壠而
葬之既葬朝夕哭於靈柩前悲傷過度是時
苗軍逨兵至于嘉興大掠居民趙氏之家爲

劉萬戶者所據見愛卿之姿色欲逼納之愛卿紿之以甘言接之以好容沐浴入閤以羅帕自縊而死萬戶聞之而趨救已無及矣即以繡褥裹尸瘞之於後園銀杏樹下未幾趙子至矣投其故宅荒廢無人但見蒼苔碧草掩映階庭而已趙子大傷感宿于空堂明日鷄鳴而起尋其母妻而歸行至東城門遥見舊使蒼頭問母與妻安在蒼頭曰郎君何以來之遲也夫人憶君成疾今已辭堂娘子亦已殁矣遂引趙至母葬處指墳壠而告之曰

此皆六娘子之所經營也皆松栢而言之曰
此亦六娘子之所手植也自夫人之死娘子
身被衰麻手扶棺槨自負土營墳日夜號哭
墓下不幸苗軍入城宅舍被占劉萬戶者欲
以非理犯之娘子不從遂以羅帕自縊就於
後圃葬矣趙子聞此言哀慟不已即歸至
銀杏樹下發堀之顏貌如生[illegible]不[illegible]趙子
抱其尸而大慟絶而復甦者再[illegible]香湯
沐華服買棺而附[illegible]墳之側哭之曰娘
子平日聰明才慧[illegible]今雖死矣豈可

謂同凡人使能靈響尤原有知願賜一見於是出則禱於墓下歸則哭於圖幸將及一月旬晦之夕趙子獨坐中堂寢而不能寐忽聞暗中有哭聲急起視之果六娘子之靈也其動靜語默無異平日遂抱趙子同床而語曰妾雖處幽冥感君憂念實所愴惻是故今夕與君知聞爾從今別矣趙子聞之大哭不見其處

古時嘉興縣裏住的有一箇婦人叫名羅愛愛十分可喜本性聰明又做好文章那

時節人人都誇奬敬重他叫做愛卿一縣
裏住的有一箇姓趙的秀才也是一箇大
來頭家的有好些錢財聽得這婦人的行
摸樣將本事心裏想念就下了五百兩銀
子要將家裏來這婦人到他家裏修整家
法儘着媳婦的道理這秀才心裏喜歡待
受過活才到二年他父親的朋友做吏部
尚書送一封書來叫他要做官這秀才臨
去時心裏憂愁要去呵家有母親和娘子
捨不得去不去呵悞了功名心裏未定其

間娘子對那秀才説道我聽得大丈夫務
要立身揚名以顯父母你却怎麽想念家
小忘了功名你的母親在家呵早起晚夕
我小心侍奉你莫愁放心去只是母親壽
高病多你却常常想這意思早早回來這
他説了就遞送路酒相别了那秀才喫酒
醉了便上馬去了多年不得回來那母親
想他兒子得病重了這媳婦親自所絶愁
縮好生伏侍有一日那老娘叫那媳婦説
道我的兒子營幹功名遠在京城我如今

害病重了伱這般伏侍到了我這恩德[illegible]
荅不得只願我的兒子早早回來伱有子
有孫都似伱一般孝敬呵皇天好歹替我
報荅伱這般說罷就死了這娘子十分哀
痛做了棺材親自背土埋葬了常在墳邊
早晚啼哭忒過了那時節苗軍起兵到這
嘉興地面摽掠村落那軍裏頭有一箇劉
萬戶道的人連這娘子搶了去看他容彩
奕利要下手這娘子故意甘言甜語假做
許嫁的㨾兒悄悄的洗澡身子把手帕吊

死了這劉萬戶趕不上救他死十分悽惶把錦繡褥子来裝裹靈屍埋在後園白果樹底下那趙秀才却回家来看家裏無一箇人只有荒草生出院落裏這秀才十分悲傷沒柰何那空房裏獨自睡了明日頭鷄叫時起来要尋見母親和娘子去行到東城門外撞見舊使喚的老漢子問我母親和娘子都在那裏那老漢回說官人官人怎麼来的邏老娘長想官人成病死了羅祢祢也死了就引着秀才到那老娘[illegible]

處指與他墳墓說道這箇是羅孫孫自家
做的又指與他松柏樹說道這也是羅孫
孫自家栽的老娘死了後頭羅孫孫身穿
著麻衣手扶著棺材親自背土埋葬白日
黑夜常在墳邊蹄哭不想賊兵亂起家裏
大小人口都被搶了去那賊軍要下手孫
孫孫孫直不肯就吊死埋在後園白果樹
底下這秀才聽了這話啼啼哭哭十分哀
痛到那白果樹底下打開墳墓看那顏色
和身子却是在生時一般這秀才抱著那

靈屍只管哀哭幾遍昏死了還蘇省却把
香湯水来洗了靈屍穿新衣服另買一箇
新棺搬葬母親墳墓一處就拜伏墳下啼
哭說道娘子伱在生時聰明智慧十箇九
箇也都赶不上伱如今雖是死了呵比不
得常魂却怎麼不来看我情願看我一遭
常常這般禱告墳下啼哭七八到一箇月
忽然有一日晚夕這秀才獨在廳堂裏要
睡呵睡不著暗暗有啼哭聲這秀才連忙
起来看却是那娘子的魂靈那言語動靜

便似活在時一般就抱著那秀才同床說
道我雖是在幽冥之中呵感動你的憂念
十分悽惶今日爲來和你相會從今日永
别了這秀才聽這話放聲啼哭再不見了
魂靈
程彦賓爲羅城使進攻遂寧之日左右以三
處女獻皆蔚然有姿色時公方醉謂女子曰
汝猶吾女安敢相犯因手自封鎖置于一室
及朝訪其父母還之皆泣謝曰願太守早建
旌節彦賓曰節非敢望但得死而無病便是

好也其後官至觀察使年九十九無疾而卒
古時程彥賓道的人做羅城太守領軍馬
到遂寧地面征討時節有一日左右的軍
人每討三箇女兒來進與彥賓都俊俊好
模樣那早晚彥賓醉酒和那女兒每說恁
是我的女兒一般我怎麼敢下手把三箇
女兒放在一箇房屋裏親自打封鎖了到
第二日早起尋他爺孃來一箇箇都還他
送了那三箇女兒的爺孃都啼哭謝拜說
道願太守早早的得功立了賢將光顯門

劉彥賓回說我怎麼敢望那等勾當我只願無病老死却好果然後頭這彥賓除做觀察使年到九十九無病死了

李讓嘗值歲歉出粟千石以貸鄉人明年又歉人無以償讓即對衆焚券曰債已償矣不須復償明年大熟人爭償之一無所受明年又大歉讓竭家資煮粥以濟之動以萬計死者復爲瘞之人皆曰子陰德可謂大矣讓曰何足爲德一日假寐夢一紫衣人告之曰上帝知汝有德及人報在爾後言訖而去後讓

壽百歲而終子孫皆為顯官

古時李謙每遇歲歉一鄉人無有喫的飢荒時出家裏的米粮散與他喫或是熬粥捨施有人債去的米粮到明年大熟還他呵謙對債人燒債券不要還納鄉中有死喪不能葬的呵謙出財葬了有這般陰德鄉人都說謙多有陰功謙說何有陰功有一日謙夢裏見穿紫衣的人告謙上帝知道大人有陰德敎大人後嗣榮顯果然謙到百歲死了子孫都做顯官

古有一行路人請宿於一官人家夜夢其家毋羊来告曰明日主人殺羊饋客若殺之則羊圈只我孕兒肥澤當殺我矣我元是此家妻也被正妻毒藥殺我我戀夫不已變為毋羊在此家姑待一二日則當生子請客告以素食而沮其殺我客覺而祛之終夜不得開説明早主人果殺羊饋客客乃説此意于主人賓主俱哀不忍食之

古時有一箇行路的人到一箇官人家借宿到四更鼓夢裏有一箇大毋羊進前来

告說這主人家官人明日要宰羊接待貴客羊圈裏頭只我懷羔有肥殺時便殺我官人可憐見救一救我原是主人家官人的小娘子被正娘子性兒恨歹毒藥殺我我顧戀夫主變做毋羊在這羊圈懷羔滿月無多日便下羔兒請大人瞞說我喫齋這般告了去睡那客人却想妖恠又是里夜不得說與主人那主人果然殺那毋羊煑熟了第二日清早起却把羊肉館待他那客人見那羊肉才記得夢裏的話和忝

人家開說那意思主人聽的這話哀哭眼
淚都不忍喫那筆肉佛經說死生輪迴人
死便托生
古者有一富人郭興凡見古器皆買之蓄積
家中一日有街中一人將盡破貼裹衣來告
曰此是宋宰相吕蒙正不做官時所服之衣
也興聞而即買之又有一人將一頂破紗帽
來告曰此是晉名士陶潛漉酒巾也興聞而
買之又有一人將一領破席來告曰此是魯
哀公問政於孔子時鋪坐之席也興聞而又

買之又有一人將一箇木杖來告曰此是春秋時韓伯瑜之孝順泣杖也與聞而買之又有一人將一箇瓢子來告曰此是堯帝讓位時欽賜許由之瓢也與聞而又買之與如此妄買古器狼籍家中常被人欺不數年家甚貧窮有一人來告汝妄積古器有何益乎今汝服蒙正之衣戴陶公之巾拄伯瑜之杖挾哀公之席將許由之瓢立於市則必衆人爭來買之與果如其言而往于市立焉市人皆歡笑曰老翁曾是富家翁也今爲一箇乞食

人也此所謂運來鐵也爭先運去黃金失色
士時有郭興道的人原是財主平生只好
看古器但見古器呵便是破壞東西也不
問價錢多少都買趲積有來有一日街上
有一人將一領破䄂兒來說道這箇䄂兒
是宋朝呂蒙正牽相不得䝉跡時穿的謂
兒正是好古物郭興便買了又一箇人將
一頂破頭巾來說道這箇是晉朝高才名
士陶潛漉酒的頭巾却高似呂蒙正䄂兒
這郭興又買了又一箇人將一張破席子

來說道這箇是魯國哀公孔夫子根前問
政時鋪內席子郭興又買了又有一箇人
將一條拐子來說道這箇是春秋時韓伯
瑜孝順的泣杖郭興就買了又一箇人將
一箇小瓢兒來說道這箇是堯皇帝讓位
時欽賜許由的瓢兒郭興也買了這般胡
買古器多趲積家裏這郭興常被人欺弄
他不到幾年家道貧窮艱難過日月一箇
人來特故哄他說道你多買了古器家如
今窮者呂蒙正的帽兒戴著陶潛的頭巾

拿者伯瑜的泣杖倈者哀公的席子腰裏帶者許由的瓢兒到街上垂呵衆人必來爭要買這古器這郭與信他說却是那般扮粧到街上垂的時節傍邊衆人欺弄他說道這老的在前是好財至人家如今做一箇叫化的人阿的便是運來鐵也爭光運去黃金失色

宋人有好行仁義者三世不懈家無故黑牛生白犢以問孔子孔子曰此吉祥也以薦上帝居一年其父無故盲其牛復生白犢其父

復令其子問孔子孔子曰吉祥也復教以祭其子歸致命其父曰行孔子之言也居一年其子又無故而盲其後楚攻宋圍其城民易子而食之折骸而炊之丁壯者棄城而戰死者太半此人以父子有病皆免及圍解而病俱愈

宋時劉義道的人好行仁義三世不怠他家裏一隻黑牛不知怎生下一箇白犢兒便去見孔子問孔子荅應說這箇是好祥瑞你扶救這犢兒祭天這箇人聽了這話

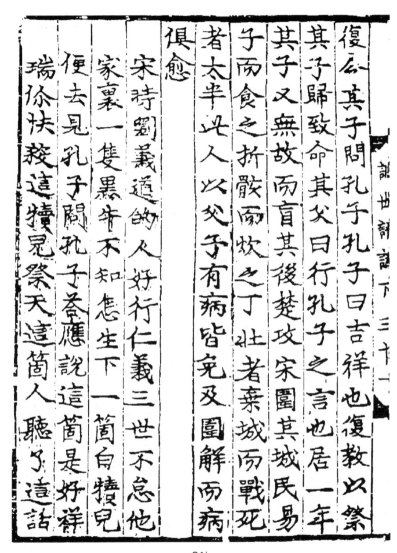

回到家裏就殺這犢兒祭天住一年劉義
瞎了雙眼那黑牛又生下一箇白犢兒這
劉義又教他的兒子劉惠去見孔子問孔
子荅應說也是好祥瑞又教祭天劉惠回
告父親劉義劉義說行孔子的話又住一
年又瞎了劉惠的眼過了一年多楚國軍
馬圍這宋國廝殺宋國人民斷了口粮換
了兒子喫又砍人骨頭燒做飯喫别的壯
丁百姓戰場裏多一般死了這劉義父子
因這眼病在家都免了不死楚國軍馬退

兵的後頭這劉義爺兒的眼依舊都好。
元田文英稟性毒虐婢僕有過則椎其脛骨蹣跚行躄至元乙亥北兵至境箭中其脛鐵入脛骨受苦三年而死人以為椎脛之報
元朝時田文英道的人本性忒歹家裏使喚的不問男子婦人有些小過失呵着捧鎚打了脛骨艱難走動這般暴惡至元乙亥年間北兵到来廝殺時文英被箭射箭鏃入脛骨三年受苦醫不得死了人都說這箇是做歹的報應

祝涤南鄜州人遇歉歲為粥以施貧者發生一子聰慧請[illegible]入學榜將開忽夢上天夢捷者奔驰而過報壯元榜手持一大牌書四字曰施粥之報及榜開其子果為特科壯元

古時祝涤是南鄜州的人遇着飢荒熬粥捨施貧窮的人後頭他生下一箇兒子好聰明智慧到國子監裏讀書赴舉黄榜開的日子街上人夢裏一箇人跑馬過去就道這是壯元的榜他手裏拿着一箇大牌

寫四箇字施粥之報開了黃榜他的兒子
果然做了壯元
朱軾嘗預鄉薦家貧教學於里中歲暮得束
脩與其子歸至中途忽見田夫械繫悲泣道
側問其故乃曰春月貸了青苗錢限滿而不
能償官司鞭笞已極不若死之為愈軾問所
負幾何曰三千五百軾盡以束脩依數奉為
納官其人得釋邑士人劉澈累舉蹭蹬省闈
默祝於神一夕夢至官府有吏語澈曰汝生
未有微禄而德有虧不可得矣澈曰所虧何

事吏曰爾爭負官錢米能少助之致使流離
非命非爵德而何激曰弟不肖以致刑辟某
復何罪吏曰行路之人見且不忍彼乃同氣
何不動心汝不知朱軾代納青苗事耶行將
獲陰德之報激覺後詣軾訪其實激惘然自
失軾生三子曰章官至國子司業曰克曰某
皆顯官軾至八十四無疾而卒
古時朱軾是南豐縣的人家道艱難累會
鄉里的子弟教訓討學課錢過活有一日
和他兒子出去時見一箇農夫枷在路

傍滲哭軾問伱怎麼啼哭他告說我貧窮春月僨了青苗錢限過還不得官司每日打我百般折倒我要死呵死不得軾問伱僨的多少他告說三千五百朱軾把自家的學課錢㑽數納官官司便放了農夫那時節一鄉的人劉澈好幾遭赴舉中不得到廟裏禱告那一日夢裏冥府對澈說道伱平生無有祿俸德也虧了怎麼得中舉澈告說我有甚麼虧德冥府說伱的親兄弟負了官錢還不得每日喫折倒伱親哥

哥一些兒不照顧却不廝德潡告說我的
兄弟不肯自家犯法我有甚麼罪辜冥府
說你不聽得一鄉人朱軾貸納青苗事麼
行路的人也忍不得這般潡休道是同胞
弟兄你怎麼不照顧潡覺起來到朱軾根
前問了軾回說果然我這般潡農夫麼怎
計較冥府知道有陰德潡聽得害着回去
了軾生下三箇兒子都做顯官軾享富貴
到八十四歲在家無病死了
多婆那國在倭國東北一千里一名龍城國

其國王含達婆娶女國王女為妃有娠七年乃生大卵王曰人而生卵不祥宜棄之其女不忍以帛裹卵并寶物置櫝中載船浮海祝曰任到有緣之地立國成家初至駕洛國海邊其國人恠之不取又至辰韓阿珎浦有老母開櫝見之小兒在焉取養之及壯長九尺風神秀朗智識過人或曰此兒不知姓氏初櫝來時有鵲飛鳴宜省鵲字以昔為氏又解櫝而出宜名脫解始以漁釣為業養母無懈色母曰汝非常人骨相殊異宜從學以立功

名於是專請學問兼知地理望楊山下郄公宅以為吉地設詭計潛埋礪炭於其側至門告云此是吾祖業舊屋郄公不許乃訴于官官曰以何驗是汝家脫解曰我本冶匠乍出隣鄉而取居之請堀地撿看從之果得礪炭乃取而居之南解王聞其賢以女妻之登爲太輔委以國政南解王將死謂子儒理壻脫解曰吾死後汝朴昔二姓年長而嗣位焉後儒理王將死曰先王顧命也以脫解繼焉脫解一云吐解時年六十二在位十四年薨

日本國東北上約有一千里遠近有箇多
婆那國一名是龍城國那國王諱叫舍達
娶取那女國王的女兒做妃子懷身直到
七年纔生下一箇大鳴王妖怪說道人而
生鳴不祥莫甚合當颩了這王妃心裏不
忍着絹帛包了連將諸般寶貝裝在櫃匣
又裝小船放海去時祝願說道隨你浮到
有緣地坐立國成家這般分咐放他去了
初到駕洛國海邊頭那國人每望見妖怪
不去取他又漂到新羅國阿珎浦道的海

邊有一箇賢德的老婦人見他奇恠開櫝
看却有一箇俊俊的小廝坐在裏頭這婦
人取將家來養活長大了身長九尺風彩
秀朗知識過人有人說道這貴兒子不知
姓氏初頭櫝子擡出來時有喜鵲喜鳴上
下却省鵲字做姓呼昔又有解櫝出來呼
名脫解這箇人常常釣漁為業侍奉乞養
毋親無些兒邋遢至誠孝順一日毋親說
道你是骨相靈異不是常凡人小不得學
本事立功名這兒子敬順娘的言語精詳

學文兼通地理望見楊山下郄公的宅子
自想好處便要占住暗暗的詭詐計較拿
將磨石和炭黑夜到那郄公的宅子悄悄
的墻底下堀土埋了那礪炭後頭却到他
門上說道你這房子是吾祖宗住的舊房
兒你怎麼偷住我家郄公堅執不許着脫
解就告官官府問脫解怎麼知道你祖宗
傳下的舊房兒脫解告說小人原係鐵匠
子孫近來問搬住隣鄉空家有來請官府
遍堀土地看一看便知道事實官府從他

說教人掘地果然得了碼炭出來官府就斷與他房子住坐那早晚新羅南鮮王聽得他賢德就取他來做駙馬除做大保職事教他全管國政南鮮王病重臨終時叫他兒子儒理和駙馬昔脫解遺命說道我死的後頭你兩箇着年次相繼做王這般分咐殁了親子儒理先繼為王儒理文臨終時一從先王遺命把位子傳與姐夫昔脫解這昔脫解年到六十二在位十四年殁了

馮商鄂州江夏人壯歲無子將如京師其妻授以白金數笏曰君未有子可以此爲買妾之資及至京師買一妾立券償錢矣問妾所自來涕泣不肯言固問之乃曰吾父居官因綱運欠折鬻妾以爲陪償之計商遂惻然不忍犯遣還其父不索其錢不望其報及歸家妻問買妾安在具故以告妻曰君用心如此陰德厚矣何患無子居數月妻有娠將誕里人皆夢鼓吹喧闐送壯元至馮家次早生子即京也後領舉爲解元省試爲省元登第爲

狀元世號爲馮三元後官至宣徽南院使拜
太子少師致仕卒贈司徒
古時鄂州江夏縣住的馮商道的人年到
四十年無有兒子有一日往京去時他的娘
子與丈夫兩金幾斤說道你無有兒子拿
這白金去買一箇小娘子來到京裏買一
箇小女兒來問你甚麼人家的女兒那女
兒下眼淚不敢言語馮商再三的問女兒
回告我的父親做了州官折了官粮要賣
我陪償官錢馮商聽得憐見忍不得下手

就還他父親也不要送的價錢回家來娘子問商道你買的小娘子在那裏商回說這等緣故娘子說丈夫你的用心好這等有陰德慈甚麼無兒子無多月他娘子懷身滿月臨産時隣里人夢裏都見打鼓喧鬧送狀元馮家的第二日早起生下兒子叫名京後頭那京解試做狀元省試做狀元登第做狀元那時節人都說馮三元官到宣徽南院使除做太子少師老死贈司徒

古者謝端早喪父母又無親戚隣家撫養為
人恭敬謹慎年至十八歲早出種田夕回家
自食一日種田出去見田中有一箇大蛤蜊
遂取賫放養甕中有一日耘田回家諸般飲
食無不備在端意謂隣人憐我如此備辦也
到隣家謝拜曰每日如此備辦不勝惶恐隣
人云汝所取來之妻如此備辦反以我隣家
為備辦耶端一日鷄鳴時出去待天明回家
手少婦人從甕中出來收撤器皿端問姓名
不答還入甕中端執而問之婦人曰我是漢

水江河之女皇天見汝恭敬謹愼使我權作妻孝養汝矣汝若娶妻使我回今見我本身再不往俄而大風忽起其女乘雲而去不知歸處

古時謝端道的人從少時殁了爺孃又無親戚無人養活年到十八歲一心恭敬謹愼每日早起出去種田晚夕回家自做飯喫有一日野甸裏得一箇大蛤蜊看得是妖物拿將回家來甕裏養活又一日出去耕田晌裏餓要喫飯回來看家裏飯湯早

做下諸般擺布的乾淨他想道是隣舍了
隣見我這般擺布只這般想從那後每日
家都這般備辦心裏惶恐走到隣舍家謝
拜說每日家照顧躬入惶恐無盡那隣家
回說你取娘子家裏隱藏他備辦事務顧
倒說我們照顧他心裏疑惑麼不知何人
仍所為一日鷄叫時出去等到天亮回來
看一箇年少婦人甕裏走出來收拾家事
見他問姓名他不荅應還要甕裏去時拿
住他再問他說我是漢水江河裏女兒皇

天見儞從小恭敬謹慎教我擺做家小寡
寡的服事儞儞若取了娘子呵教我回來
儞如今見我的本身再住不得就要回去
這般說時忽然天陰大風起來那个女兒
因風回去了

馬涓字巨濟父以中年無子買一妾極姝麗
每理髮必引避如有怛喪之狀涓父怪而問
之則曰某父本守某官不幸死去家甚遠無
力可歸故鬻某身猶未經年哭約髮者實素
帛暫以絳綵蒙其上不欲公見初無他意聞

之惻然即日訪尋其母還之且厚遺資助是
夕夢一羽衣曰天錫汝子慶流消〻明年果
生一子因以消字名之及長赴試羽衣復入
夢曰汝欲及第須中三魁大學魁鄉薦乃至
唱名爲天下第一果中三魁

古時馬消的父親到五十歲無一箇兒女
買一箇小娘十七分好後每梳頭時退坐一
邊有悲哀的模樣消的父親着他妖怪問
你怎麼這般煩惱他告說我的父親做州
官不幸早死了本家忒遠要運去無氣力

無奈何賣我如今還不過卒哭挽頭髮的都是素帛只我呵一時間着艶色東西戴在頭上不敢顯然伏侍別無甚麽意思消的父親聽得悽惶就那一日夢見他母親還他女兒又多與他路上用的盤纏那一日夢裏穿羽衣的人來說天饋你兒子變流消々果然明年生下一介兒子因此叫名消後頭長大了赴舉場時夢裏那穿羽衣的人又來說你要中舉呵好一夕中了三場壯元無多日果然鄉試會試殿試都得

壯元
陽羅兄弟六人以傭賃為業少有孝敬達於
遐邇父母歿葬畢長慕追思不勝心目乃賣
田宅北徙絶水漿處大道峻阪下為居晨夜
擔水漿給行旅兼補履屩不受其直如是累
年不懈天神化書生問何故不種菜以給荅
曰無種乃與之數升公大喜種之其本化為
白璧餘為錢書生復曰何不求婦荅曰年老
無肯者書生曰求名家女必得之有徐氏右
北平著姓女有名行多求不許乃試求之徐

氏笑之以為任僻然聞其好善戲答媒曰得白璧一雙錢百萬者共婚雍即具送徐氏大愕遂以妻之生十男皆令德俊異位至卿相累世貴盛凡右北平之陽是其後也

姓陽名雍的人弟兄兩箇常常與人做工掙得些錢過活從不曾盡那孝敬的道理遠近人都知道他孝敬他爺孃殁了埋葬的後頭長日想著爺孃哀痛不盡把他的田園房舍都賣了搬在北邊大路傍大坟下無水漿處住坐早晚提水來與濟行路

人解渴又做饋他鞋子不指望償錢這般
過活好幾年也不怠慢有一日天神變做
學生問雍說道你怎麽不種菜與人喫他
答應說無有菜子兒那學生與他幾升菜
子兒去這陽雍十分喜歡就種來那種根
兒便化做白玉其餘是都化做銅錢無多
門學生又來說道你怎麽不求媳婦他回
說我呵年老都不肯做娘子那學生說你
若求名頭的人家女兒呵便得有一箇在
北平地面住坐姓徐家的女兒有根脚又

有行止都要成婚麼那家不肯許他這陽
雍要取那女兒送一箇媒人說那徐家笑
他狂要麼聽得他好善和媒人戲弄說着
有一雙白玉和百萬銅錢的人呵我和他
成婚陽雍把那物件都送了那徐家十分
驚惶便與他女兒做娘子後頭生下十箇
兒子都有大德行世世做宰相享富貴但
凡北平地面住的好人家都是他的後孫
彭矩台州人自幼端重謹愿未嘗苟遊戲長益
德行謙遜有蔬圃與人聯界里婦每竊採之

彭佯不知里人侵過圃界彭亦不問嘗與一
商同宿于店彭先早歸商失傘意彭持去登
彭門索之彭對以故商怒罵且言失衣商欺
彭懦必索其償彭如數償之而去彭性好善
喜行方便見飢者必減食食之寒者解衣衣
之至於正橋脩路但力可以為者無不行之
年三十七未有子詣西嶽祈嗣既而生三子
後卒於臨安年七十七

古寺彭居是台州住的人他年幼時端重
謹學不魯閑要長大才藝聰祥謙遜他家

的菜園和隣家的菜園聯界隣家的婦人
要偷了菜蔬彭矩佯不知道或是行路的
踐過了菜園呵彭知也不禁他有一日和
一箇客商同宿店裏彭矩先早起去了客
商不見了傘子胡疑彭矩拿去到彭家要
傘子彭矩答應說咳我不曾將來客商惱
怒說只不是傘子一領衣裳也不見了你
不將來他那裏走去十分罵他那彭也不
各將那麼傘子衣裳別處買來都饋了這
般性好也有方便見餓的人减了自己飯

遇他寒見冷的人白家的衣裳與他穿以至整理橋梁脩理道路但是用氣力可做的勾當便都做了年到三十七歲還無有兒子到那東岳神根前禱告繼後等一會生下三箇兒子後頭到臨沒年到七十七歲殁了

昔有一人家甚貧窮一日夢得銅錢一千五百貫覺而與妻計之曰用三百貫買田三百貫買家用三百貫興販用二百貫買什滿用二百貫買妾共享聞之怒曰汝衣食窮人也分毫得錢[illegible]尚言

变邪因而夫婦相辱隣人問其故夫帶俱陳其實隣人抵掌大笑曰汝今夢得錢財猶如是也若得實財則必殺人而罪及隣人

古時有一个人家十分艱難過日月有一日這家的漢子黒夜夢裏得了一千貫絹錢心裏計較把三百貫一座好房兒住坐三百貫開鋪兒做買賣二百貫買伴儅使喚又把二百貫買兩个小娘子快活適興對他娘子説了那娘子便惱起來説道你原係受凍忍餓的人才得錢財要買小娘

子這兩口兒俗言爭口扯着頭髮廝打鬧
躁時隣舍人家聽得都來勸他不要廝打
就問怎麼這等廝打這兩箇夫婦却老實
說這意思那隣舍人每聽得這話都打手
掌咲說你兩口兒夢見錢粮也這般廝打
着實得了錢粮呵便打殺人連累隣家這
般戲耍大笑
齊人有一妻一妾而處室者其良人出則必
饜酒肉而後反其妻問所與飲食者則盡富
貴也其妻告其妾曰良人出則必饜酒食而

後反問其所與飲食者盡富貴也而未嘗有顯者來吾將瞷良人所之也蚤起施良人之所之徧國中無與立談者卒之東郭墦間之祭者乞其餘不足又顧而之他此其爲饜足之道也其妻歸告其妾曰良人者所仰望而終身也今若此與其妾訕其良人而相泣於庭中而良人未之知也施施從外來驕其妻妾由君子觀之則人之所以求富貴利達者其妻妾不羞也而不相泣者幾希矣（矣語助辭）

古時齊國有一介人他有兩介娘子一介

是小娘子那介人每日出去醉飽酒肉回家正娘子問他丈夫說甚麼人每日這般館待你來丈夫回說儘富貴人家館待我來正娘子聽他說對小娘子說丈夫每日出去醉飽回來我問你那裏這般醉飽來他說富貴人家裏實來他雖是這般說麼無一介朝官來訪我明日悄悄的望他去處第二日丈夫早起來出去時那正娘子也悄悄的根着行望見他去處那丈夫走遍一城無人和他說話臨了走到東城門

外衆墳墓祭祀處央及酒飯喫了喫不飽又望別處討喫去那娘子知道他丈夫的所爲便心裏害羞當不得回到家裏對小媳婦說道這丈夫是俺兩箇婦人全靠直到死老如今看的他行止這般污麄怎麼那好兩箇媳婦院落裏啼哭說來說去說不盡的其間那丈夫又醉飽搖擺東倒西倒走進來和他家小驕傲鬪打把這个比朝士看黑地裏央及求富貴白日裏驕傲的二般那家小不害羞啼哭的少有

耽羅鎮山曰漢羅俗謂頭無岳即今濟州在
全羅道界海南中古記云太初無人物三神
人從地湧出長曰良乙那次曰高乙那三曰
夫乙那三人遊獵皮衣肉食一日見紫泥封
木函浮至東海濱就開之內又有石函有一
紅帶紫衣者隨來開石函出現青衣處女三
及諸駒犢五穀種乃曰我日本使也吾王生
此三女云西海中岳降神子三人將欲立國
但無配匹命臣遣三女來配宜以造成大業
忽乘雲而去三人以年次分娶之就泉甘土

肥慶射矢下地始播五穀且牧駒犢日就蕃庶至十五代孫高厚高清昆弟三人造舟渡海至于耽津蓋新羅盛時也于時客星見于南方太史奏曰異國人来朝之象也已而耽羅来朝新羅王嘉之稱長子曰星主以其動星象也二子曰王子王令請出胯下愛如己子故名之曰季子郡內邑稱曰耽羅取初泊耽津也自後子孫蕃盛世修其職高麗肅宗時為郡忠烈王時元世祖置牧場我朝奏奉旨遂隸高麗為濟州

耽羅國鎮山是叫名漢羅山又說頭無岳
便是如今濟州在全羅道南海中古來註
說當初無有人物不知怎的三个神人從
地下湧出大的是叫名良乙那第二的叫
名高乙那第三的叫名夫乙那那三人長
日打圍身穿皮衣裳喫肉有一日紫泥打
封的木函漂到海岸上那三箇神人開了
看裏頭又有石函有一箇穿者紫衣繫著
紅條兒的人到來開了石函那裏頭有穿
青的三箇女兒和馬駒子牛犢兒又有五

穀種子都拿出來對神人說我是日本國
的使臣國王生下這三箇女兒說道西海
中岳降下三箇神人待要建都都無衆配
對教我送這三箇女兒來做娘子做[illegible]夫
業這般說悠然乘雲去了那三箇神人偺
着年次各自取了就揀好泉水好地坐射
箭占了種五穀又放養馬駒子牛犢兒舞
多年五穀豐登牛馬蕃盛到十五代子孫
高厚高清弟兄兩箇打做船隻過海到耽
羅國耽津地面那時節客星照見南方新

羅太史奏王說道却是異國人來朝之象無多日耽羅人來朝新羅王十分喜歡把高厚改名喚星主却因客星做名又把高清改名做王子教他胯腿下出來愛他親生一般又改名做季子建都内縣國號叫做耽羅却因當初下船耽津做名從今以後子孫最衆輩輩兒不廢了職分到高麗肅宗時節把這耽羅做郡到忠烈王時節元朝世祖皇帝做馬場本朝奏請朝廷準
聖旨還屬高麗做濟州

古時王忳拜郿縣令歸時到郤亭樓上宿之夜中鬼祟數人到來其內一婦人也欲告闞意赤身難進王忳與之一衣其婦人着衣進前告曰我迺涪令之妻欲見家長到宿此亭亭長殺我輩十人埋在樓下坑中賫去之物盡奪其亭長之名浮激也見在樓下王忳答曰當報爾讎汝等姑退婦人還衣率諸鬼而去王忳待翼朝開樓下坑中見十屍藏在即捉浮激問之具服其取奪之物盡還本家雜埋他處奏朝廷殺其浮激號令三日

古時王忳道的人除做郿縣令到任時到郿亭樓上歇息過了二更不到四更見鬼祟數人靠前來那裏頭一箇是婦人告說要告訴悶的意思麼身上無有穿的不敢進告王忳聽此與他一領衣裳進前告說我是涪令的娘子要探見丈夫年前到此亭裏歇宿時亭長殺了我又把一起大小十箇人口殺淨都埋在這樓下坑裏衣裳錢物都奪了那亭長叫名游激見今坐在這樓門王忳說我當爲你報讎你們

且回去婦人還他衣裳帯以下的冤祟離了回去王恠等到天亮著人跑開樓下坑裏便是十箇死屍都颩在坑裏便拿將浮激考問具服無辭把他搶奪的衣裳錢財都與他本家搬在別處埋葬就題奏朝廷發了浮激號令三日

訓世評話下終

司譯院都提調輔國崇祿大夫領中樞

府事臣李[illegible]誠惶誠懼稽首稽首

上言欽惟

皇明馭宇溥海内外罔不臣妾乃

眷朝鮮譬之内諸侯

錫賚相望我朝

列聖相承至誠事大然本

國語音與

中朝不同使事交際之間不無扞格不通

之患故我

國家設承文司譯院講肄習讀官常習漢音其爲慮至深切矣但所習者不過直解小學老乞大朴通事前後漢書然直解小學逐節解說非常用漢語也老乞大朴通事多帶蒙古之言非純漢語又有商賈庸談學者病之

國初學漢音者非但習之句讀文字之間如漢人唐誠偰長壽洪楫曹正等輩相繼來東質問論難頗有成才者今則無人可質語日訛僞臣竊恨之臣性質

魯鈍學問疎荒然於漢音專心致慮已
五十年矣尚未會其要領僅得糟粕
一二臣今年踰八袠日迫西山朝暮
奄辭
聖代無以報答
列聖之鴻恩思效一得之愚以補涓埃遂採
勸善陰隲諸書中可為勸戒者數十條
與平昔所聞古事數十總六十五條俱
以譯語翻說欲令學漢語者並加時習
謹繕寫奉進仰塵

叡覽倘有可採
令下典校署刋印施行不勝幸甚臣無任激
切屛營之至誠惶誠懼稽首稽首謹言

華音啓蒙諺解（影印本）

啓蒙諺解

華音之부者부우之間音輕脣音吹脣而呼他字有ㅸ
者做此의者이우之重音한者하오之重音他
字有ㅗㅜ者做此古之初聲ㄱ者今多從ㅈ如
家字古音갸而今以쟈釋之之類是也古之無
傍人者今多加傍人如上字古音샹而今以쌍
釋之之類是也蓋近日京音如是故不能不遵
然至於各省語之或有異同者不得盡從

華音啓蒙序

昔北窓鄭公入燕都通解各國方言至于今稱述不衰夫四海一家文軌旣同而語音不相通曉議事多憑毫墨已不免隔靴爬痒之歎矧今冠蓋交錯舟車互行不容不汲汲然講究亦謀國籌邊之一大關捩也舊有老乞大朴通事譯語類解等書而華語之各省或異古今亦殊使驟看者轉相訛誤恐不無鼠璞之混燭盤之謬矣今李知樞應憲取常行實用之語略加編輯名之曰華音啓蒙若千字文百家姓並用燕京話譯之以東諺開卷瞭然如置莊嶽而求齊語

仍復鳩財刊布其爲初學尤爲詳且備矣曰余入天津從諸學士遊署有一二士頗解者蓋鄭公之慧識神解罔非夫夫所能而習而熟之未有不通者如北首而轅不之燕而何之乎李知樞之要余書有以也不以不文辭

癸未清明日通政大夫承政院右承旨兼 經筵參贊官春秋館修撰官參議軍國事務 親軍營務處監督 奎章閣檢校直閣知製 敎坡平尹泰駿序

華화音인啓지蒙멍諺연解계上샹

請칭問운這져位위貴귀姓싱 ○ 청컨딘 뭇ᄂᆞ니 이 位의 貴ᄒᆞᆫ 姓이여

不부敢간在재下샤姓싱李리 ○ 의 敢ᄒᆞ여ᄂᆞ 在下 姓이 李로라

從충那나裏리來리呢니 ○ 어ᄃᆡ로셔 ᄎᆞ왓ᄂᆞ냐 좃 打다朝챠

鮮션國궈來리唎려 ○ 朝鮮國으로 좃ᄎᆞ왓노라 走주唎려多도

少쌰日이子즈麽마 ○ 오기를 몃날이 나ᄒᆞ엿ᄂᆞ냐 走주有우十

씨來리天텬的디工궁夫부唎려 ○ 오기룰 열흘 동안이나 도엿노

라 這져怎즈麽마說쉬呢니 ○ 이 엇진 말이뇨 你니們믄離

리 這져裏리有위二얼千쳔多도里리地디否부唎

려 ○ 너의가 여긔셔 二千 餘里ᄯᅡ히나 되ᄂᆞᆫᄃᆡ 幾지天텬的디工궁夫부

何허能능到닾得더麼마○몃출동안의엇지능히니르럿ᄂᆞ냐柳유
今진我워們믄是스坐조輪룬船촨來릐往왕的디
○이졔는우리가輪船을타고來往ᄒᆞ기로所소以이不부像샹從충前
쳔起치旱한來릐的디時스候후見얼○이러므로이왕에못
ᄒᆡ로좃ᄎᆞ올셰와갓지아니ᄒᆞ여라這저就작是스咧려○이거시곳올타恠
괘不부得더你니們믄來릐的디快쾌○고이치안타너의가
오기를ᄲᆞᆯ리ᄒᆞ엿도다你니貴귀姓싱是스誰쉬呢니○네ᄒᆞᆫ貴
이무어시뇨好화說숴賤잔姓싱張장啊아○조혼말이여賤ᄒᆞᆫ姓
이張이로라你니老랖是스在재民민在재旗치○네가民人
이냐旗人이냐我워是스在재民민的디○나는이믄人이니原원

籍지浙저江쟝的디人인○原籍이浙江 사ᄅᆞᆷ이로라現쎤在재
甚시麼마品핀級지呢니○즉금무ᄉᆞᆷ品級이뇨纔채到닷三
싼品핀頂딩戴듸咧려○겨오三品頂戴에니르럿노라嗳아喲야
失시敬징你니咧려○아야네게失敬ᄒᆞ엿노라是스一이位위
大다人인○이ᄒᆞᆫ분大人이로다好하說쉬這저樣양擡틔舉
쥐我워怎즈麼마當당得더起치呢니○조흔말이여이처럼
擡擧ᄒᆞᄂᆞᆫ거슬ᄂᆡ엇지당ᄒᆞ리오大다人인在재那나部부裏리管
관事스麼마○大人이어ᄂᆡ마을에셔일을쥬관ᄒᆞᄂᆞ뇨我워不부是스
做주京징官관的디○ᄂᆡ가京官이아니오是스候후補부的
디道닷台틔咧려○이候補ᄒᆞᄂᆞᆫ道台로라請칭問운當당今

華音啓蒙諺解上 二

진皇황太틔后후萬완歲쉬爺여○청컨딕뭇ᄂᆞ니當今에皇太后
와萬歲爺계오서聖셩明밍德더政징○聖明ᄒᆞ신德政이布부滿
만四쓰海히○四海에布滿ᄒᆞ신지라所소以이連련海히外
왜的디小샤邦방也여都두來릭賓빈服부○이러므로
海外의小邦도다와賓服ᄒᆞ니這져不부是스大다淸칭家쟈洪훙
福부齊치天텬○이거시이大淸家洪福이齊天ᄒᆞ미아니냐是스一이
點텬兒얼不부錯초○이죠곰도그르지아니타你니們믄貴귀
國귀王왕爺여多도大다寶바齡링麼마○너의貴國王爺
寶齡이언마시뇨纔채過궈三산十씌春츈秋칙咧려○갓三
十春秋롤지내시니라聽링說쉬你니們믄王왕世씌子즈聰

총明밍的지很흔◯드르니너의王世子계오好學셔가장聰明ᄒᆞ시다ᄒᆞ니
一이位위有우德더的디世씨子즈咧려◯가장ᄒᆞᆫ位有德
ᄒᆞ신世子로다好한說쉬都두是스中중國궈的듸洪훙恩
운◯죠흔말이여다이中國洪恩이로다你니呢니今진年년貴귀庚
궁◯네今年에貴庚이여齒치長장三싼十시五우歲쉬咧
려◯나히三十五歲로라弟디兄쓩幾지位위◯弟兄이몃位아뇨哥
거兒얼們믄三싼箇거我워是스老랖夫따咧려◯
동셩이셰힌듸너가맛이로라你나那나兩량位위兄쓩弟디在재
家쟈裏리幹간甚시麼마◯너의兩位아ᄋᆞᄂᆞᆫ집의잇셔무삼일ᄒᆞᄂᆞ뇨
我워那나二얼兄쓩弟디是스◯나의둘지아ᄋᆞᄂᆞᆫ去취年

던纔채中즁咧려進진士스○去年의갓進士를ᄒᆞ고三싼兄
쑹弟디是스咳해在재書슈房방念냔書슈呢니○셋져아ᄋᆞᆫ오히려書
堂에잇셔글을읽노라噯아喲야你니老랖是스官
촨門믄子즈弟디咧려○아야네가官門子弟로다我워有약眼
얀不부識시泰태山싼得더罪죄不부少쌰○내가눈이
잇셔도泰山을아지못ᄒᆞ여시니得罪ᄒᆞ미적자아니ᄒᆞ도다大다人안這져怎즈
麼마說쉐○大人야이무삼말이요我워不부敢간當당得더
起치咧려○내가敢히當치못ᄒᆞ여라那나裏리的디話화呢니
○엇진말이뇨二얼品핀官관二얼品핀客커否부咧려
○一品官員이오二品客이라ᄒᆞ엿ᄉᆞ니你니老랖是스外왜來래的

디貴귀客커呢니○너는밧그로온貴훈客이니那나能능錯초待대了랖○엇지능히그릇디졉ᄒ리오你니們믄府부上샹人인口쿠多도少쌴麼마○너의府上의人口가언마나되ᄂ뇨有우三싼十씨多도口쿠人인○三十나마사룸이잇ᄂ노라都두是스甚시麼마人인○다이무숨사룸이뇨我워那나大다爺여叔수叔수叔수伯배兄쓩弟디嬸신娘냥姨이娘냥嫂산子즈姐져姐져妹메妹메兄쓩弟디媳시婦부侄지兒얼們믄○우리뭇아ᄌ비와져근아ᄌ비와四寸아ᄋ와叔母와姨母와兄嫂와뭇누위와져근누위와弟婦와姪兒들과咳해有우那나丫야鬟환老랖媽마奴누才재跟근班반伺츠候후人인等등○또계집아

희종과늶근게칩공파ᄉ나희종과跟班파何候人들이잇셔 都두在재一이內늬

算쏸起치來릭 ○ 도모지혼데혬ᄒᆞ량이면 有우箇거四쓰十씨

多도口쿠人인 ○ 四十나마사룸이잇노라 家쟈裏리有우多도

少쌰地디麼마 ○ 집의ᄯᅡ히언마나잇ᄂᆞ뇨 地디却커是스不부

過궈十씨成청地디咧려 ○ ᄯᅡ흔十成의지나지못ᄒᆞ노라 一이成

청地디能능打다多도少쌰担단糧량麼마 ○ 一成의ᄯᅡ의능히몃셤곡식을ᄒᆞᄂᆞ뇨

若얖到단好한年년頭투就주 ○ 만일죠흔ᄒᆡ의니ᄅᆞ면

能능打다百배十씨多도担단咧려 ○ 능히百셕남줏ᄒᆞ노라

都두種중甚시麼마 ○ 도모지무어슬심으ᄂᆞ뇨 粳징子

즈稻닾子즈穀구子즈稗배子즈大다麥매小쌰麥

매各거様양豆투子ㅈ都두有익咧려○논베와밧베와조와
피와보리와밀과각식팟이다잇노라 嗳아喲야如유中중國궈一이
點뎬兒얼不부錯초啊아○아야中國파조곰도틀니지아니ᄒ다 這
져到닾北베京징咳해有우幾지站잔路루麼마○
여긔셔北京가기가또멧참길이되ᄂ뇨 有우二얼百배多도里리地디
咧려○二百餘里ᄯᅡ히되노라 你니要얀走주麼마○네가가고져ᄒ
ᄂ뇨 我워咳해沒메有우到닾京징辦반過궈公궁事
ᄉ呢니○내가아직셔울가公事롤辦過치못ᄒ엿시니 所소以이在재這
저裏리候우不부得더工궁夫부咧려○이러므로여긔잇셔
동안을그릇ᄒ지못ᄒ노라 你니呢니多도候후兒얼回휘來래

華音啓蒙卷上 五

麼마○네가언졔도라오ᄂᆞ뇨這저箇거是스沒메有우準쥰
的디○이ᄂᆞᆫ쥰졍치못ᄒᆞ노라到닾那나裏리瞧챺就주知지
道닾唎려○거긔가보약야알것노라那나麼마就주不부送숭
你니○그러면너롤보내지아니ᄒᆞ노라好화說쉬回휘來릐再재
惱난罷바○조흔말이여도라와다시말ᄒᆞ엿다赶간車처的디今진
兒얼箇거咱자們믄那나裏리住쥬去취呢니○赶車
的야우날우리가어듸가머믈긧ᄂᆞ뇨楊양村춘住쥬去취罷바○楊村
의셔머ᄆᆞ자咳해有우幾지里리地디麼마○또멋리닷히나잇ᄂᆞ
뇨不부一이候후兒얼就쟉到닾來릐唎려○ᄒᆞᆫ동안이
못되여곳가리라噯아喲야這저箇거店뎐住쥬不부下쌰

啊아○아야이店의어무지못ᄒᆞ엿다怎ᄌᆞ麼마說숴呢니○엇진말이
뇨今진天텬行싱路루的디客커人인們믄忒틔多
도○오ᄂᆞᆯ行路ᄒᆞᄂᆞᆫ客人들이심히만하店뎐裏리沒메有우間졘屋
우子ᄌᆞ咧려○店안의빈집이업스리라那나裏리的디話화呢
니○엇지ᄒᆞᆫ말이뇨一이箇거走주路루的디否부咧려○
ᄒᆞᆫ낫行路ᄒᆞᄂᆞᆫ사ᄅᆞᆷ인뎌那나有우頂딩着져房방子ᄌᆞ走주的
디麼마○어ᄃᆡ집을이고단니ᄂᆞ니잇ᄉᆞ리오你니去취呌쟌店뎐裏
리的디人인來리罷바○네가가셔店안사ᄅᆞᆷ을불너오너라來리咧
려○왓다你니們믄這져箇거店뎐呌쟌甚시麼마店
뎐麼마○너의이店이무슴店이라부르ᄂᆞ뇨這져是스有우名밍的

댜王왕家쟈店뎐○이ᄂᆞᆫ有名ᄒᆞᆫ王家店이로라是스你니開캐
的디麼마○이네가연게나我워那나裏리開캐得더起치
這져樣양大다店뎐○너가어디이런大店을열니오不부過궈是스
스給긔他타們믄吃치老랖金진的디咧려○不過저의
게사환ᄒᆞᆫ눈이로라老랖爺여們믄是스往왕那나裏리去취
呢니○老爺들이어ᄃᆡ로가ᄂᆞ뇨我워是스朝챺鮮션國궈人인
○나ᄂᆞᆫ이朝鮮사ᄅᆞᆷ으로打다天텬津진下쌰船촨要얖往왕
京징裏리去취的디○天津으로븟터下船ᄒᆞ여北京오로가려ᄒᆞᄂᆞ니今
진天텬赶간着져土투程청的디緣연故구○오ᄂᆞᆯ趕程
ᄒᆞᆫᄂᆞᆫ고로연所소以이不부知지道닾天텬黑희咧려○

미려므로한놀아어두오믈아지못ᄒᆞ엿도다前쳔邊변又우沒메有우店
뎐○압히또店이업교你니們믄又우不부讓양住쥬下쌰
○너의또머물게아니ᄒᆞ니像샹這져様양黑희夜여裏리咳해
往왕那나裏리去취呢니○이러ᄒᆞᆫ어두온밤의오히려어ᄃᆡ로가깃ᄂᆞ냐
你니去취說숴你니們믄掌장櫃귀的디○네너의掌櫃的
의게가말ᄒᆞ여把바先션住쥬的디客커人인們믄緊진一
이緊진○몬져머믄客人들을조이게ᄒᆞ교給긔我워找잔出츄一
이間잔屋우子즈是스喇려○나를ᄒᆞᆫ간방을어더주는거시올다你
니們믄老랖爺여們믄怎즈麼마會휘說숴官관話
화麼마○너의老爺들이엇지ᄒᆞ여官話를말ᄒᆞᆯ줄아ᄂᆞ냐我워是스長창

來릐長챵往왕的디○나는자로往ᄒᆞ기로來 剛썅懂둥得더
幾지句쥬眼얀前쳔的디話화兒얼○겨오몃귀눈앏희말은아
노라給거老랖爺여找잪出츄房방子즈來릐咧려○
老爺롤위ᄒᆞ여房을어덧시니把바車쳐子즈趕간進진去취罷바
○車을모라드려갈지어다老랖爺여要얀哈허茶차呢니○老爺
가茶를먹으려ᄒᆞᄂᆞ냐我워自즈已지箇거兒얼有위好화茶
차葉예○너스ᄉᆞ로조흔茶葉이잇시니你니先션倒닾一이碗완
開캐水쉬來릐○네가몬져ᄒᆞᆫ그릇눈물을가져와셔把바茶차葉
예擱거得더碗완裏리頭투○茶葉을그릇속의두고盖개上
샹碗완盖개多도悶먼一이候후兒얼○그릇두에롤덥퍼ᄒᆞᆫ

동안두ᄃᆡ 別베欸쟈他타出츄氣치罷바 ○ 져로ᄒᆞ여곰그운이나지말게ᄒᆞ여라 你니們믄老랖爺여要얖吃치甚시麽마飯반呢니 ○ 너의老爺가무ᄉᆞᆷ밥을먹으려ᄒᆞᄂᆞ뇨 你니們믄店뎐裏리有우的디甚시麽마 ○ 너의店의무어시잇ᄂᆞ냐 要얖甚시麽마有우甚시麽마 ○ 무어ᄉᆞᆯ달나면무어시잇시니 老랖爺여只즈管관言얀語위些셔見견罷바 ○ 老爺는다만말ᄒᆞ라 有우鯉리魚위沒메有우啊아 ○ 鯉魚가잇ᄂᆞ냐업ᄂᆞ냐 你니老랖要얖吃치鯉리魚위麽마 ○ 네가鯉魚ᄅᆞᆯ먹으려ᄒᆞ면 可커巧쟈可커好한 ○ 可히공교ᄒᆞ고可히좃다 咱자們믄前쳔邊변有우一이道닾河허 ○ 우리앏희ᄒᆞᆫ河水잇시니 這저河허裏리出츄一이

種중鯉리魚위○이河水의ᄒᆞᆫ가지鯉魚가잇시되遼련京징城청
裏리也여出츄過궈名밍兒얼○京城의도일홈이낫다所소
以이來리往왕的디老랖爺여們믄都두要얖吃치
呢니○이러므로來往ᄒᆞᄂᆞᆫ老爺들이다먹으려ᄒᆞᄂᆞ니라纔채剛쌍打다魚위
위船촨上샹○ᄀᆞᆺ고기잡ᄂᆞᆫ비우희셔買매來리一이條턒魚위
위有우一이尺치多도長챵的디○ᄉᆞ온ᄒᆞᆫ낫고기가一尺나마長
이되니咳해在재水쉬缸쌍裏리活호着져呢니○오히
려水缸의잇셔사ᄅᆞ시니要얖吃치就주給긔你니弄룽來리罷
바○먹고조ᄒᆞ면너롤위ᄒᆞ여민드러오리라好한啊아○좃타把바那나
箇거魚위先션割거肚두子ᄌᆞ刮과鱗린그고기롤가져

몬져 비가르고 비눌 긁어 多도洗시兩량會휘教쟈他타乾싼淨
징些셔見얼○두어 번 빼셔 ᄎᆔ로 여ᄅᆞᆷ 乾淨케 ᄒᆞ고 ᄒᆞ擱거着저刀닾
板반上샹剁도成쳥塊쾌兒얼○[illegible][illegible]희 ᄂᆞᆺ고 버허뎡이 믈지어 先
션拿나紅홍油우擱거得ᄐᆡ鍋궈裏리○몬져 돗희 기ᄅᆞᆷ 글가
매의 두어 等등這져箇거油우開캐咧려○이 기름이 쓸키ᄅᆞᆯ 기ᄃᆞ려
以이後후拿나這저箇거魚위甩녕在재鍋궈裏리
○그 後의 이 고기ᄅᆞᆯ 겨 가마의 더지고 가再재用융白배糖당栗리子
조各거樣양花화料랖攪쟌得더一이塊쾌兒얼○
다시 白糖파 栗子와 각 ᄉᆡᆨ 고명을 ᄒᆞᆫ 딕 섯거 等등好한咧리再재擱거鹽
연醬쟝罷바○익기ᄅᆞᆯ 기ᄃᆞ려 다시 鹽醬을 두어라 老랖爺여哈허不

부哈허酒직呢니○老爺아술을먹깃ᄂᆞ냐아니먹깃ᄂᆞ냐賣매的디
甚시麽마酒직○파ᄂᆞᆫ거시슴술이뇨 무紹샾興싱黃황酒직
乾쌴白배燒샾酒직五우加쟈皮피玫메瑰구露루
壯좡元원紅훙翰한林린春츈史싀國궈公궁各거
搛양藥얀酒직都두有위咧려○紹興黃酒와乾白燒酒와五加皮와
玫瑰露와壯元紅파翰林春과史國公各樣藥酒가다잇노라放방桌조子즈咧려
請칭哈하罷바○卓子룰노앗다먹기룰청ᄒᆞ노라噯아喲야這저
箇거魚위沒메有위十씨分븐熟쓔○아야이고기十分이十닉
지아니ᄒᆞ엿다那나裏리話화呢니○엇진말이뇨頓둔咧려半
반天텬咳해嫌션不부好화麽마○半日을닉혓ᄂᆞᆫ디오히려닉지

아니몰험외ᄒᆞᄂᆞ뇨你니這져箇거潑퍼皮피東둥西시們믄
○네이흉ᄒᆞᆫ것들아拿나半반生승不부熟슈的디○절반이나
닉지아니ᄒᆞᆫ거ᄉᆞᆯ가져給긔誰쉬吃치呢니○누구로쥬어먹게ᄒᆞᄂᆞ뇨你
니當당我의們믄是스不부懂둥好한歹대麽마○
네가우리다려좃코언짯는거ᄉᆞᆯ아지못ᄒᆞ다ᄒᆞᄂᆞ뇨你니老랖別베生승氣
치罷바○너는성닉지말나這져不부是스我워們믄得더
罪쥐爺여爺여們믄的디○이거시우리가爺爺들의게罪롤지으려ᄒᆞᆫ거
시아니라就작是스這져裏리沒메有의好한井징水쉬
○곳여긔조ᄒᆞᆫ우물이업셔一이做주魚위湯탕就주必비有우
一이點뎐兒얼腥싱味위兒얼○ᄒᆞᆫ번魚湯을ᄆᆡᆫ돌면반ᄃᆞ시조곰비

린맛시잇ᄂᆞ니라 你니這져箇거人인好화嘴쥐巧챠 ○ 네이
사ᄅᆞᆷ이가장입이공교ᄒᆞ도다 當당着져外왜路루人인會휘撒싸
謊황唡려 ○ 外路人을當ᄒᆞ여거짓말을잘ᄒᆞᆫ다 老랖爺여們믄不부
信신我워的디話화兒얼 ○ 老爺들이우리말을밋지아니ᄒᆞ면 再재
拿나去취多도做주一이候후兒얼回휘頭투給긔
你니盛청來릐罷바 ○ 다시가져가ᄒᆞᆫ동안ᄆᆡᆫᄃᆞ러도로너ᄅᆞᆯ담아주마 拉
라倒닾罷바拉라倒닾罷바 ○ 그만두어라그만두어라 那나屋
우裏리住쥬的디客커人인是스那나塊쾌兒얼來
릐的디 ○ 져집의住ᄒᆞᄂᆞᆫ客人이어듸로셔왓ᄂᆞ뇨 他타們믄是스打
다上썅海해來릐的디 ○ 져의들은이上海로셔좃차온인듸 聽팅說

쉬是스進진京징赶간考캎去츼咧려○말을드르니서울로나아가과거로보려간다더라你니去취把바那나位위請칭過귀來리罷바○네가셔그位을請ᄒᆞ여오라過귀來리咧려○다왓請칭坐조請칭坐조○안기를청ᄒᆞ노라안기로쳥ᄒᆞ노라嗳아喲야你니這져位위好화生승面면善션○아야너이位가가장낫치익다咱자們믄必비是스在재那나裏리見잔過귀是스的디○우리가반ᄃᆞ시어ᄃᆡ셔본ᄃᆞᆺᄒᆞ다你니呢니不부是스李리老랖爺여麼마○네가李老爺가아니냐好화說쉬在세下쌰的디就직是스咧려○조흔말이여在下가곳올타這져是스誰쉬呢니○이는뉘뇨不부是스胡후兄슝弟디麼마○이胡

가아ᄋᆞ아니냐 가怎즈麽마在재這져裏리住쥬下쌰的디
○엳ᄌᆞᄒᆞ여여긔셔머므ᄂᆞ뇨 嗳아喲야說숴不부了랴 ○아야말ᄒᆞ
지못ᄒᆞ것다 兄쑹弟디的디運윤氣치忒틔不부好한喇
려 ○아ᄋᆞ의運氣가심히쯧쳐못ᄒᆞ여 前천年년與위大다哥거分
븐散싼以이後후 ○前年의큰형으로더브러分散ᄒᆞᆫ後의 在재京징
裏리住쥬些셔箇거日이子ᄌᆞ ○셔울잇셔몃놀을머므러 考칸
過궈兩량會휘也여沒메有이得더意이 ○두번이나과거
롤보아도여의치못ᄒᆞ여 各거人이肚두氣치不부想샹回휘家
쟈去취 ○이틱이氣가나집의도라가기롤셩각지아니ᄒᆞ여라 所소以이在재
京징裏리住쥬一이天텬使쓰一이天텬 ○이러므로쉬울

잇셔ᄒᆞ로잇시면ᄒᆞ로보너고 把바銀인子즈也여化화沒메有우
了랴 ○ 銀을다가쓰셔업셧시니 要야回휘家쟈也여罷바沒메
有우盤판纏쳔 ○ 집의도라가고ᄌᆞᄒᆞ여도盤纏이잇지아니코 要야使쥬
下싸罷바人인家쟈的디吸지謊황打다不부開개
○ 머믈고ᄌᆞᄒᆞ여도남의게빗졸나는거슬견될슈업다 各거人인打다着져
出츄門믄事스事스難난 ○ 이녁이싱각건ᄃᆡ문을나면事事의어렵고
在재家쟈千쳔日이好화這저句쥬話화一이點뎐
見얼不부錯초 ○ 집의잇시면千日이좃타ᄒᆞ니이말이조곰도그ᄅᆞ지아니ᄒᆞ도다
各거人인想샹不부出츄主쥬意이來리的디時스
候후見얼 ○ 이녁이主意를싱각지못ᄒᆞᆯ셔 我워有우一이箇거姑

주表뱌弟디兄숑○ᄂᆡ가ᄒᆞᆫ表형뎨잇셔從在재這저京징南
난做주箇거縣션官관○셔울남녁희잇셔縣官이되엿시미我워打
다算쏸到닾那나裏리借져多도少쌰銀인子즈○
ᄂᆡ혜오기를저긔가언마銀子를쑤려ᄒᆞ엿ᄃᆡ니那나縣션官관是스做주
官관體티面면的디人인○저縣官은이벼슬ᄒᆞᄂᆞᆫ體面의사ᄅᆞᆷ이라可
커憐련我워這져箇거情칭節져見얼○ᄂᆡ이졍ᄃᆡ로불샹ᄒᆡ
녀겨打다錢쳔店뎐裏리枰핑給긔我워三싼百배兩
량碎쉬銀인○錢店의셔三百兩碎銀을달아나를주기로我워歡환天
텬喜시地디的디在재那나裏리住쥬一이天텬○
ᄂᆡ가歡天喜地ᄒᆞ여긔셔ᄒᆞ로를머물교거第디二얼天텬起치身신望

왕京징去취的디時쓰候후見견○그잇든날셕나 서셔울노갈셕

의走주沒메有우一이二얼十씨里리地디見얼○

가기를一二十 里못ᄒᆞ여셔 日이頭투快쾌要야黑희呢니○날이

슈이어둡 쳐ᄒᆞ기로 고找잔一이箇거客커店뎐住쥬下쌰뼤

려○ᄒᆞᆫ客店을ᄎᆞ 져머므더니 這져一이天텬有우十씨來리箇

거騎쳐牲승口쿠客커人인們믄○이놀의열아믄 즘싱탄[illegible]들은

이也여住쥬在재這저箇거店뎐裏리○또ᄒᆞᆫ이店 의머믈거

놀我워看칸他타們믄行싱裝좡好화像샹買매賣

매人인○ᄂᆡ가져의行裝을보니가 買賣ᄒᆞᄂᆞᆫ사ᄅᆞᆷ마갓더니 장睡쉬到단半

반夜여三싼更징裏리○조다가半夜三 更의니ᄅᆞ러 店뎐裏리

就직叫쟢喚환起치來릭咧려○店안의셔뭇지져괴는소릭니러나
거놀我워不부知지道닾甚시麽마緣연故구○니무ᄉᆞᆷ년
편지아지못ᄒᆞ고打다炕캉上쌍爬파起치來릭○炕上으로니러
나從충窓창糊후眼얀兒얼望왕外왜一이看칸○
窓구무로좃太밧글바라보니却캐是스了랴不부得더咧려○또흔
견듸지ᄒᆞ깃다못頭투裏리住쥬店뎐的디那나客커人인
們믄○料음에店의머든그客人들아므原원不부是스好한人인
○근본이죠흔름이아니오사都두是스斷돤道닾的디馬마賊
적咧려○다이斷道ᄒᆞᆫ는馬賊이라手식拿나洋양鎗창火호礮
팓○손의洋鎗과火礮를가지고大다呼후小쌋叫쟢要얀殺싸

要얀剛커呢니○크게呼ᄒᆞ고젹게呼ᄒᆞ야쥬[illegible]나 기고져ᄒᆞ며긁고져ᄒᆞ니
些셔箇거來릐往왕住쥬店뎐的디○그來往ᄒᆞ며 店의머므는
드리니東둥跑팦西시竄찬也여有우跌뎨打다受식
傷샹的디○東으로ᄃᆞᆺ고서ᄒᆞ로숨어 너머져傷ᄒᆞ는이도잇고也여有위喚
환爺여따娘냥的디○아비를부르고어미 를부르는이도잇고咳해
有우那나跑팦不부開개的디○오히려ᄃᆞᆺ지도못 ᄒᆞ는이도잇서
一이溜릭平핑跪귀着져地디下쌰對뒤他타討탄
命밍○혼줄로ᄯᅡᆼ의ᄭᅮ려저를 ᄃᆡᄒᆞ여命을구ᄒᆞ니這저箇거時스候후
見얼咳해顧구得더銀인錢쳔麼마○이러ᄒᆞᆫᄯᆡ의 오히려銀錢
을도라 보리오連련衣이裳샹也여穿촨不부好한○衣裳 도바

로입지못ᄒ고赤치條됴條됴的디從충後후門믄跑퍼出
츄來레○벌거벗고後門으로좃차다라나東둥張쟝西시望왕也
여沒메有우躱도着져的디地디方방○東으로삽피고西ᄒ
로바라보와도숨을ᄯ라히업셔正징在재為위難난的디時ᄉ候후
見얼○정히어려울셔의可커巧챠房방後후頭투有우一
이坐조土투地디廟먀○공교히집뒤의흔土地廟잇닉我워急지
忙망到닾那나裏리冒먀一이夜여○너가急忙히거긔가一夜
들숨어找잪多도大다的디罪쥐○언마고셩ᄒ고等등天텬
亮량到닾店뎐裏리一이看칸○붉기를기다려店裏의가보니別
베說쉐銀인錢쳔連련行싱李리也여都두拿나走

주咧려○銀錢은니ᄅᆞ지도말고李奀太다가져갓거놀行我워看칸這저
箇거光광景징無우法방可커治지○내이런光景을보고엇지
ᄒᆞᆯ수업시니對뒤誰쉬說숴這저箇거苦쿠情칭麼마○
누ᄅᆞᆯᄃᆡᄒᆞ여이런괴로온ᄉᆞ정을말ᄒᆞ리오所소以이巴바不부得더的
디到닾縣쎤裏리去쥐○이러므로마디못ᄒᆞ여縣裏의가把바這
져箇거賊적案안○이賊案을다가這저般반這저般반那
나般반那나般반告잪訴소他타○이리져리져의게告訴ᄒᆞ니
這저縣쎤官관一이聽팅這저箇거話화兒얼○이縣
官이ᄒᆞᆫ번이말을듯고立리刻커就주傳촨票퍞拿나賊적○
즉시票로傳ᄒᆞ여도적을잡으라ᄒᆞ니這저箇거票퍞一이下쌰來래

誰쉬不부用융心신拿나他타麼마○이[illegible]가ᄒᆞᆫ번나리미휘힘
을ᄲᅥ저롤잡지아니ᄒᆞ리오用융不부上샹幾지天텬的디工궁
夫부把바賊적們믄拿나到닫喇려○몃츌동안이못되여노적
을잡아오니這저縣션官관坐조起치堂탕來리○이縣官이
生堂ᄒᆞ여把바賊적們믄拿나夾쟈棍군夾쟈起치來리
○도적을다가뢰형ᄒᆞ니他타們믄打다熬와不부過궈○저의
들이견ᄃᆡ지못ᄒᆞ여箇거箇거都두認인贓장服부罪쥐○낫낫
치다認贓服罪ᄒᆞ니銀인子즈却커到닫手식裏리○銀은차젓시나
遭잔場다幾지條탸人인命밍兒얼○몃人命을죽엿시니雖
쉬是스賊적種중們믄狼랑心신狗구肺븨○비록이도

적들이 파狗[illegible]나[illegible] 我워咳해是스可커憐련他타們믄喇
려 ᄂᆡ오히려져의룰 불샹이베기노라 噯아喲야是스那나麼마的디
뎌來ᄅᆡ着져 ○ 아야이그러 ᄒᆞ엿ᄂᆞ냐 兄쓩弟디遭잔罪쥐不
부少쌴 ○ 아ᄋᆞ가ᄁᆡᆼ을젹 지아니케ᄒᆞ엿다 我워當당你니是스打
다家쟈裏리來ᄅᆡ的디 ○ ᄂᆡ가ᄂᆡ룰집으로 오ᄂᆞᆫ줄알앗더니 셔這져
些셔年년不누回휘家쟈不부惦텬家쟈裏리麼마
○ 이여러ᄒᆡ를집의도ᄀᆞ지못 엿시면집이그립지아니ᄒᆞ냐 ᄒᆞ爲위甚시麼마
不부惦텬家쟈 ○ 엇지ᄒᆞ여집이그 립지아니ᄒᆞ리오 這져都두是스
我워惱낲的디不부對뒤喇려 ○ 이다ᄂᆡ가일을 잘못ᄒᆞ엿노리 我
위在재這져裏리等등着져一이個거人인 ○ ᄂᆡ가 여긔

華音啓蒙諺解上 十六

잇셔ᄒᆞᆫ사ᄅᆞᆷ을기다리더니 這저箇거人인今진兒얼箇거纔채
來리到닾 ○ 이사ᄅᆞᆷ이오이아갓왓기로 놀明밍兒얼箇거打다算
솬要야起치身신走주呢니 ○ 명일떠나자혬ᄒᆞ엿더니 誰쉬想
샹今진兒얼箇거遇위見잔大다哥거麽마 ○ 뉘오날大
哥룰만날쥴ᄉᆡᆼ각ᄒᆞ엿시리오 大다哥거從충本본國궈往왕這져
裏리來리 ○ 大哥가本國으로좃ᄎᆞ이리왓시면 怎조麽마不부比비
那나年년人인多도麽마 ○ 엇지ᄒᆞ여져희갓치사ᄅᆞᆷ이만치아니ᄒᆞ뇨
我위這져塘탕是스沒메有약甚시麽마大다事스
○ 니이번의ᄂᆞᆫ무슴큰일이업셔 所소以이少썊帶대幾지箇거人
인來리啊려 ○ 이러므로몃사ᄅᆞᆷ을적게다려왓노라 你니那나朋평

友우是ㅅ甚시麼마人인○네그벗이이무삼사름이뇨 他타是

스打다上샹海해來릭的디○져ᄂᆞᆫ이上海로셔오ᄂᆞᆫ인듸 前쳔

年년在재本본省승裏리中중咧려擧쥐人인○前年

의本省의셔擧人에뽑혀 今진年년要요往왕京징裏리考캎會

휘試스去취○今年의셔울로會試를보려가ᄂᆞᆫ듸 他타再재三싼再

재四쓰懇큰求칙我워○졔가再三再四를나다려懇求ᄒᆞ기를 閙룽

他타一이塊괘兒얼去취考캎○져와ᄒᆞᆷ쎄과거ᄅᆞᆯ보라가자ᄒᆞ니

我워本본來릭無우心신進진京징○니本來셔울갈ᄆᆞ음이업

시ᄂᆞᆫ 排배不부得더朋펑友우的디臉련○朋友의낫출비각지

못ᄒᆞ여 巴바不부得더隨쉬他타走주○마디못ᄒᆞ여져를ᄯᆞ라가

노라 那나麼마就주更웅好한 ○ 그러면더욱죳타 明밍兒얼
箇거大다家쟈一이路루走주罷바 ○ 닉일모다한길로가쟈
店뎜掌쟝櫃귀的디要얏打다店뎜錢쳔 ○ 店쥬인이店錢
을헴ᄒᆞ라ᄒᆞ니 教쟌他타算쏸去취罷바 ○ 져로ᄒᆞ여곰헴ᄒᆞ여가게ᄒᆞ라
伱니們믄幾지位위都두在재一이塊쾌兒얼算쏸
麼마 ○ 너의여러位가다ᄒᆞᆫᄃᆡ헴ᄒᆞ깃ᄂᆞ냐 依이伱니罷바 ○ 너ᄃᆡ로ᄒᆞ여라
每믜一이位위飯반錢쳔一이錢쳔銀인子즈 ○ 한
位의飯錢이한돈銀이오 房방錢쳔在재外왜 ○ 房錢은ᄯᅡ로잇고 十씨
斤진砍쟈草찰共궁該해二얼錢쳔銀인 ○ 十斤여물에되
되두돈銀이오 黑희豆투五우升승六랴分본銀인 ○ 거문콩닷

되의六 銀이오 分料랴一이와두八바分븐銀인○슈수言갈되、
分銀이니一이共궁打다算쏸一이兩량三싼錢쳔銀인
子즈啊려○더되헤미훈냥서돈銀이오茶차錢쳔水쉬錢쳔愚
펑老랖爺여們믄再재賞샹罷바○茶錢과[illegible]은老爺뎌로또샹
금ᄒᆞ라鷄계떠쟌幾지遍변○돍이우련지멧화뇨纔채떠쟌頭
투一이遍변○갓쳣홰우럿다你니去츄떠쟌我워那나箇
거趕간車쳐的디○네가셔우리져趕車的룰불너把바牲승口쿠
套토上샹快쾌些셔兒얼走주罷바○짐싱을다가메우고밧비
가쟈點뎬燈등籠룽的디蠟라也여多도帶듸兩량枝
즈罷바○등의혀쵸도녁넉히두어자루가져라我워看칸今진兒얼

箇거天텬氣치不부狠흔亮량咧려○ᄂᆡ오늘일긔를보니심히
맑지못ᄒᆞ다掌장櫃궤的디回휘來릐再재惱난罷바○
掌櫃的이도라와다시말ᄒᆞ쟈老랖爺여們믄是스要얀走주罷바
○老爺들이이가고저ᄒᆞᄂᆞ냐慢만待대慢만待대○慢待ᄒᆞ엿노라慢待
ᄒᆞ엿노라那나裏리話화呢니○엇진말이뇨客커到닾店뎬
是스算쏸到닾家쟈一이樣양否부咧려○客이店의니르
면집의나롬과가자혬이어든 흔咳해講쟝究쥬甚시麼마○오히려무
어슬논ᄒᆞ리오 난好한說쉐○죠흔말이여你니們믄老랖爺여
們믄趕간下쌰次츠也여照쟢顧구我워們믄總채
好한○너의老爺들이下次의도우리게照顧ᄒᆞ논거시맛치ᄌᆞᆺ타那나咳해用

융囑쥬付부麼마 ○ 그거슬오히려부탁ᄒᆞᄂᆞ냐 一이遭잔生수兩량遭잔熟슉 ○ ᄒᆞᆫ번이면설고두번이면닉ᄂᆞ니 再재來릭必비得더照잔顧구你니們믄就주着져咧려 ○ 다시오면반ᄃᆞ시너의롤照顧ᄒᆞ리라 衆중位위們믄一이路루保반重중罷바 ○ 衆位들이一路의保重ᄒᆞ여라 不부送숭你니們믄諸지位위咧려 ○ 너의여러位롤보닉지못ᄒᆞ리노라 趕간車쳐的디這저到댜京징裏리多도遠원麼마 ○ 趕車的아예셔셔울가기가언마나머뇨 今진兒얼箇거可커以이趕간進진去취咧려 ○ 오날가히밋쳐가깃다 那나麼마就주快쾌些셔兒얼走주罷바 ○ 그러면셜니가쟈 噯아喲야走주不부得더咧려 ○ 아아가지못ᄒᆞ

짓다這저怎즈麼마說쉬呢니 ○ 이무ᄉᆞᆷ말이뇨 咳해有우走

주不부得더的디道닾麼마 ○ 오히려가지못ᄒᆞᆯ길이잇시라 不부

是스那나麼마的디 ○ 그런거시아니라 前쳔邊변這저道닾

닾河허橋챂都두塌타倆려 ○ 앏히이긔울다리가다문허져 從충

新신咳해沒메有우收식拾시呢니 ○ 쇠로ᄂᆞᆫ오히려곳치지못

ᄒᆞ엿시니打다那나裏리過궈去취麼마 ○ 어ᄃᆡ로건너가리오 伱

니這저箇거話화好한不부明밍白배 ○ 네이말이가장明白

지못ᄒᆞ다這저樣양大다道닾口쿠沒메有우擺배渡두

麼마 ○ 이런큰길어귀의건너는목시업소리오 伱니拿나燈등籠루往

왕前쳔看칸一이看칸 ○ 네가燈籠가지고앏히가보아 若얀是

스找잔不부着잔船촨時스候후兒얼○만일이비를찻지矣

홀셔의橫흥竪슈有우箇거淺천地디方방可커以이

過궈去취咧려○아모리ᄒᆞ여도엿튼곳잇셔가히건너가리라我워到닾

河허沿연看칸咧려半반天텬○닉가리울가의가반일이나보아도

也여沒메有우過궈路루來릐往왕的디○또ᄒᆞᆫ길의來往

ᄒᆞᄂᆞᆫ이도업고那나箇거淌탕消샤水쉬也여流릐的디忒

틔急지○그여흘물도흐르기ᄅᆞᆯ심히급히ᄒᆞ며橋챺底디下쌰水쉬

有우三싼尺치來릐深신○다리아래물도三尺이나깁프니打다

那나裏리能능勾부過궈得더去취呢니○어듸로좃ᄎᆞ能

히건너가깃ᄂᆞ뇨你니連련一이遭잔沒메有우來릐過궈

麼마 ○ 네가ᄒᆞᆫ번이라도 오지못ᄒᆞ엿ᄂᆞ냐 我워 那나 會휘 來릐 的디
時스 候후 見얼 ○ 내져번 올ᄯᆡ의 打다 橋챠 上샹 過궈 來릐
的디 ○ 다리우ᄒᆞ로 건너왓기로 如유 今진 知지 不부 道닷 怎즈
麼마 箇거 見얼 過궈 咧려 ○ 이졔엇지건널ᄂᆞᆫ 지모로깃노라 你니
到돠 那나 庄좡 裏리 找잔 人인 問운 一이 問운 罷바
○ 네져庄裏의가사 름을차자무르라 我워 到돠 那나 裏리 叫쟌 喚환
半반 天텬 ○ 내거긔가부르기를 半日이나ᄒᆞ더니 打다 裏리 頭투 出
츄 來릐 一이 箇거 老랖 頭투 ○ 안ᄒᆞ로좃ᄎᆞᄒᆞᆫ 늙으니나와 問운
我워 有우 甚지 麼마 事스 ○ 네게무ᄉᆞᆷ일이 잇ᄂᆞ냐뭇거ᄂᆞᆯ 我워 說
쉬 他타 這져 河허 打다 那나 裏리 過궈 呢니 ○ 내져 ᄃᆞ려

너ᄅᆞᄃᆡ 이 여흘을 어ᄃᆡ로 좃ᄎᆞ 건너 가ᄂᆞ뇨 他타本본是ᄉᆞ聾룽子즈○ᄂᆡ가
東을 말ᄒᆞ면 뎨가 西ᄅᆞᆯ 말ᄒᆞ교 高잔聲싱說숴他타他타肯승胡후
塗두○소리ᄅᆞᆯ 놉혀 져ᄃᆞ려 일을ᄉᆞ록 졔 더욱 모후ᄒᆞ니 教쟈我워氣치死
쓰說숴不부出추話화來래○날노ᄒᆞ여곰 [illegible]믹혀 말이 나오지 아니ᄒᆞ
여 在재那나裏리站잔着져半반天텬時ᄉᆞ候후見
얼○거리 반일동안을 셧더니 打다屋우裏리出추來래一이箇
커小쌰媳시婦부○집안ᄒᆞ로셔 ᄒᆞᆫ 져믄 계집이 나오니 年년紀지不
부上쌍十씨五우六루歲쉬○나히 十五六歲의 지나지 못ᄒᆞ엿ᄂᆞᆫᄃᆡ
對뒤我워說숴那나位위老랖人인是ᄉᆞ我워的디

公궁公궁 ○ 나롤 디ᄒᆞ여 니ᄅᆞ되 저位 老人은 이 나의 싀아비니 今진年년九쥐十씨九쥐歲쉬又우聾룽又우瘋붕說쉬他타不부明밍白배 ○ 今年의 九十歲니 귀먹고 밋쳐셔 저다려 말ᄒᆞ여도 明白지 못ᄒᆞ니

你니有우話화對뒤我워說쉬罷바 ○ 네 말이 잇거든 날ᄃᆞ려 니ᄅᆞ라

我워纔채問운他타過궈河허的디路루逕징 ○ 네 그졔야 저ᄃᆞ려 ᄀᆡ울 건너는 길을 무르니

他타說쉬今진年년春춘天텬漲쟝咧려一이塲챵大다水쉬 ○ 계 니ᄅᆞ되 今年 봄의 ᄒᆞᆫ번 큰 물이 넘쳐

把바這져河허的디橋챠都두衝츙去취咧려 ○ 이 여흘의 다리를 모도 질러 갓시니

橋챠那나塊쾌兒얼擺배不부得더船촨 ○ 다리 저편의셔 비룰 부리지 못ᄒᆞ고

這져上샹邊변行잉

擺배渡두呢니 ○ 이옷녁케건너눈뎌가잇시니 你니從총道저箇거車쳐道또往왕上썅走주一이走주 ○ 네수뤼길노좃ᄎᆞ 우흐로향ᄒᆞ여가면 走주不부一이候후兒얼有우一이坐조龍룽王왕廟먀 ○ 가기롤언마못ᄒᆞ여ᄒᆞᆫ龍王廟가잇시니 那나廟먀裏리是스他타們믄水쉬手쐭的디住쥬處츄 ○ 그곳눈져ᄉᆞ공들어무눈뭇이라 你니們믄到또那나裏리問운去큐罷바 ○ 너의들이거긔가무르라 他타這저麼마一이說쉬我워 ○ 졔이갓치ᄒᆞᆫ번날ᄃᆞ려니ᄅᆞ기로 我워纔채跑팦回휘來릭咧려 ○ 네그졔야밧비도라왓노라 咱자們믄咳해是스往왕上썅走주的디好화 ○ 우리가오히려우흐로향ᄒᆞ여가ᄂᆞᆫ거시좃타 怎즈麼마看간

華音啓蒙諺解上 二十二

不부見잔擺배渡두口쿠麼마○엇지ᄒᆞ여건너ᄂᆞᆫ어귀보이지아니ᄒᆞᄂᆞ뇨
儞니呢니在재車쳐裏리頭투瞧챠不부出츄
來릐呢니○네가車속의잇서보지못ᄒᆞ엿다那나河허叉차子ᄌᆞ
裏리不부是스船챤麼마○져긔을갈너의이ᄇᆡ아니나儞니去
취叫쟈他다們믄水쉬手식快쾌些셔來릐罷바○
네가쉬져ᄉᆞ공들을블너셜니오게ᄒᆞ라噯아喲야這져又우了랴不부
得더○아야이거시아니되엿다또這져又우怎즈麼마說쉬呢
니○이엇진말이뇨我워到닾那나廟먀門믄口쿠叫쟈喚
환一이聲싱兒얼○내그廟門口의가ᄒᆞᆫ쇼리ᄅᆞᆯ부르니有우一이箇
거看칸廟먀的디出츄來릐問운我워○ᄒᆞᆫ看廟ᄒᆞ논사ᄅᆞᆷ이

나와날ᄃᆞ려뭇거놀 我워說숴找잪水쉬手수要얀過궈河허
呢니 ○ 내말ᄒᆞ되ᄉᆞ공을ᄎᆞ조기믈을건너고져ᄒᆞ노라 他다說숴是ᄉᆞ今
你니們믄來ᄅᆡ的디太태早잪 ○ 제말ᄒᆞ되ᄂᆡ의너모일직왓다
擺배船촨的디雜자種죵們믄 ○ 져ᄇᆡᄇᆞ리ᄂᆞᆫ雜種들이 白ᄇᆡ
日이增증了랖幾지箇거錢쳔 ○ 낫의ᄂᆞᆫ언마돈을남기고 到닾
黑희著져都두往왕四ᄉᆞ下쌰里리跑퍞去취 ○ 어두
면다사면으로다라나 也여有위要쇠錢쳔聚쥐賭두的디 ○
또ᄒᆞᆫ모혀서돈ᄂᆡ기노롬도ᄒᆞ며 也여有위哈허酒쟉窩워娼챵的
디 ○ 또ᄒᆞᆫ술먹고계집ᄒᆞ기도ᄒᆞ니 都두是ᄉᆞ無우家쟈無우夜여
的디光광棍군們믄 ○ 다이집업고계집업ᄂᆞᆫ光棍들을 像샹這져

箇거時ᄉᆞ候후兒얼知지道닾他타在재那나塊쾌

兒얼 ○ 이러ᄒᆞᆫ 쩨의 제가 어ᄃᆡ 잇ᄂᆞᆫ 줄을 알니오 我워知지道닾這저種

중東둥西시們믄眞진可커惡어 ○ 내가 이런 놈들의 짐짓 可惡ᄒᆞᆫ

줄을 알것노라 這저是ᄉᆞ通퉁御위路루大다道닾否부咧례

려 ○ 이ᄂᆞᆫ 御路를 通ᄒᆞᆫ 큰 길이니 迎잉官관接져差채是ᄉᆞ他타

的디道닾理리 ○ 관원을 마조며 ᄎᆡᄉᆞ를 접ᄃᆡᄒᆞᄂᆞᆫ 거시 저의 道理어ᄂᆞᆯ 他타

劣려惡어不부守식本번分본好한混훈賬쟝啊아

○ 제 劣惡ᄒᆞ여 本分을 직히지 아니ᄒᆞ고 가장 못된 짓ᄒᆞᄂᆞ니 找잔他타們믄來리

咧례 ○ 저의를 ᄎᆞ져 왓노라 你니們믄都두往왕那나裏리去

취來리着져 ○ 너의가 다 어ᄃᆡ 갓다 왓ᄂᆞ뇨 我워們믄白배日이

受식苦쿠晩완晌샹多도貪탄兩량口쿠酒직〇우리
가눗제受苦ᄒᆞ고늣게두어잔술을탐ᄒᆞ여不부知지道닾老랖爺여們
은來ᄅᆡ喇려〇老爺들이오는쥬롤아지못ᄒᆞ엿노라好한不부老랖
實시的디東둥西시〇가장老實치못ᄒᆞ거사不부必비講쟝
嘴쥐快쾌些셔兒얼擺배罷바〇반다시입으로론난치말고셜니비
롤부려라曖아喲야這저是스不부行싱的디〇아야이눈못ᄒᆞ
깃다老랖爺여們믄是스外왜方방的디人인〇老爺들은
이外方사ᄅᆞᆷ이라不부曉샾得티這져河허的디利리害해
〇이긔울험ᄒᆞᆫ줄을아지못ᄒᆞᆫ다河허又우寬관水쉬又우急지〇
긔울도넓고물도급ᄒᆞ여一이半반箇거人인擺배不부過궈去

華音啓蒙諺解上　二十四

늬呢니○一半箇사ᄅᆞᆷ으론부려건너가지못ᄒᆞ깃다等등天텬亮량再
재過궈罷바○ᄒᆞᆫᄂᆞᆯ밝기를기다려또건너자你니哄훙別베人인
去취罷바○네가다른사ᄅᆞᆷ이나속이라가거라咱자不부是ᄉᆞ頭투
一이沒메來릐的디○우리ᄂᆞᆫ처음으로오ᄂᆞᆫ이아니라長창來리
中중國궈地디方방○장ᄉᆞ中國地方의와셔出츄過궈多도
少쌒遠원門믄○언마먼듸를단녀시며辦반過궈許쉬多도
公궁事ᄉᆞ○許多ᄒᆞᆫ公事를辦ᄒᆞ엿시니別베說숴你니們믄這
져樣양小쌒河허○너의이런적은ᄀᆡ울은니ᄅᆞ지말고連련有우名
밍的디大다河허也여不부定딍走주過궈幾지會
휘啲려○有名ᄒᆞᆫ큰ᄀᆡ울도몃번단닌지아지못ᄒᆞ깃다噯아喲야這져位

위老랖爺여滿만口쿠京징話화○아아이位[illegible]의[illegible]京[illegible]여
就작像샹咱자們믄一이般번樣양咧려○곳우리와ᄒᆞᆫ모
양이로다咱자們믄那나怕파他타辛신苦쿠呢니○우리
엇지辛苦ᄒᆞ믈져퍼ᄒᆞ라給거他타們믄擺배過궈去취罷바○
져로건네여주쟈橫흥豎슈少쌴不부了랖我워們믄的디
酒직錢쳔○아모리ᄒᆞ여도우리酒錢은업지못ᄒᆞ리라過궈來래咧려
○건너왓다那나樹슈林린子즈裏리一이遍변茬와房
방是스○져樹林속의둘닌기와집은不부是스張장家쟈灣완
麽마○이張家灣地方이아니냐到닫那나裏리打다尖쟌去취
罷바○져긔가中火ᄒᆞ쟈咱자們믄到닫京징裏리住쥬那

나塊쾌兒얼○우리셔울가어듸머믈뇨進진崇충文운門믄到닾我워們믄館관裏리御셰車쳐罷바○崇文門으로드러우리館裏로가셔수레룰부리자胡후兒쓩弟듸你니到닾那나裏리住쥬去취呢니○胡家아ᄋᆞ아너는어ᄃᆡ가머믈나ᄒᆞᄂᆞ뇨我워們믄同퉁來릐的디朋평友우是스○우리ᄀᆞᆺ치온벗은他타不부住쥬客커店뎐要얖住쥬會휘館관呢니○졔客店의住ᄒᆞ지아내ᄒᆞ고會館의머믈녀ᄒᆞ니隨쉬他타到닾那나裏리住쥬去취是스啊아○져룰조차거긔가머무는거시올타那나麼마就주明명兒얼箇거到닾那나裏리瞧챺你니就작是스咧려○그러면明日거긔가너룰보는거시올타好한說쉐何허敢간[illegible]쟌

大다哥거勞랖駕쟈麼마○조흔말이여엇지敢히大哥로ᄒᆞ여곰수고ᄅᆞ
이오게ᄒᆞ리오明밍兒얼箇거兄쓩弟디到닾貴귀舘관瞧
챺兄쓩台태是스咧려○明日아ᄋᆞ가貴舘의가兄台를보ᄂᆞᆫ거시올타進
진城쳥來리咧려○城에드러왓다你니們믄老랖爺여來
리咧려麼마○너의老爺가왓ᄂᆞ냐怎즈麼마今진兒얼箇거
纔재到닾咧려○엇지오ᄂᆞᆯ이야겨오왓ᄂᆞ뇨我워們믄打다天
텬津진往왕這져裏리來리○우리가天津으로븟터이리오ᄂᆞ되天
텬道닾好한不부大다離리疏수○텬긔가가장청명치아니ᄒᆞ여
隔거一이天텬下쌰一이天텬雨위○하로를隔ᄒᆞ여하로비오
기로在재半반道닾上쌍耽단悞우幾지天텬工궁夫

후喇려○半道의셔멋놀동안을더듸엿노라我위說쉬半반天텬不
부認인得더你니是스誰쉬呢니○너가半日을말ᄒᆞ여도네가뉜
지모로노라你니何허能능認인得더我워麽마○네가엇지
능히나롤알니오我워們믄家쟈是스輩베輩베當당這저
箇거差채使스○우리집은ᄃᆡᄃᆡ로이구실을ᄒᆞ다這저裏리有익
名밍的디徐쉬通퉁官관是스○여긔有名ᄒᆞᆫ徐通官은我워
的디老랖人인家쟈喇려○나의부친이로라是스那나麽
마來릭着저○이그러ᄒᆞ더냐你니父부親친可커好화麽
마○너의父親이평안ᄒᆞ시냐不부孝샤的디說쉬不부得더喇
려○不孝ᄒᆞᆫ거시말ᄒᆞᆯ수업다我워的디父부親친前쳔年년去

취世씨○우리父親이前年의去世ᄒᆞ시고只즈有우老랖母무在
재着져咧려○다만老母만계시여라我위却커是스寔시在
재不부知지道닾來릐着져○내실노아지못ᄒᆞ엿노라你니父
부親친在재世씨的디時스候후見얼○네父親이在世ᄒᆞ실
셰의長챵對뒤我위說쉬有우一이箇거兒얼子조○
장시날ᄃᆞ려말ᄒᆞᄃᆡᄒᆞᆫᄋᆞ달이잇다더니怪패不부得더你니這저麼마
大다咧려○고히쳐안타네이쳐럼것구나今진年년屬수甚시麼
마○今年의무슴싱이뇨纔채二얼十씨五우歲쉬咧리○겨오
二十五歲로라你니當당這져箇거差채有우幾지年년麼
마○네가이구실당ᄒᆞᆫ지가멋ᄒᆡ뇨有우一이年년多도的디工궁

夫부○一年동안이남즉ᄒᆞ엿노라是스好하能능對뒤得더起
치儞니老랖人인家쟈○이좃타능히베뜻氣과ᄀᆞᆺ도다老랖爺여
打다貴귀國궈來리的디時스候후見얼○老爺가貴國으
로좃ᄎᆞ올셔의一이路루上샹看간過궈新신新신事스麼
마○一路의셔일을보왓ᄂᆞ냐怎즈麼마沒메有우呢니○엇지업ᄉᆞ
리오我워打다王왕京징上샹啊려火호輪룬船촨○내가王京으로붓
터火輪船을타니這저船촨上샹也여有우中중國궈
궈人인也여有우外왜洋양人인○이비우희中國사ᄅᆞᆷ도잇고外國
洋사ᄅᆞᆷ도잇셔他타們믄是스都두走주慣관海해裏리的
디○저의ᄂᆞᆫ다바다의ᄃᆞ니기닉고也여不부怕파甚시麼마樣양

的디大다風붕○또ᄒᆞ무슴큰바람도뎌허아니ᄒᆞ고一이開개船촨

呼후呼후一이響샹就주○ᄒᆞᆫ번ᄇᆡ롤석여ᄒᆞᆫ소리呼呼ᄒᆞ면打다

烟연筒퉁裏리冒뫄起치黑희烟연○烟筒으로烟이소ᄉ니

리나越웨走주越웨快쾌○가도록더욱샐나用융不부了랴

幾지天텬工궁夫부到도上샹海해咧려○몃놀동안이못

되여上海의니ᄅᆞ니我워在제本번國궈時스候후兒얼○ᄂᆡ本

國의잇실셔長챵聽링着져他타們믄講쟝究쥬○장시저의

론난을드ᄅᆞ니這져上샹海해是스好하大다去취處츄○

이上海ᄂᆞᆫ가장큰곳이라ᄒᆞ여我워有역心신看칸一이看칸○ᄂᆡᄆᆞ

옴의보고ᄒᆞ엿더니ᄌᆞ下쟈船촨到도街졔裏리走주不부多

華音啓蒙諺解 二十八

도 遠원 ○ 비의나려거리로마가지못ᄒᆞ여셔 언 就직 不부 知지 東둥
西시 南난 北베 喇려 ○ 곳東西南北을아지못ᄒᆞᆫ깃다 那나 三싼 市
시 六루 街계 買매 賣매 門문 面면 ○ 그三市六街의買賣門面은
沒메 有왁 法방 兒얼 說쉬 道닾 ○ 말ᄒᆞ여니롤수업다 咳해 有
와 多도 高갚 的디 樓루 上쌍 演연 起치 戲시 班반 子
즈 ○ 또ᄒᆞᆫ언마놉픈樓上의셔창시롤ᄒᆞᄂᆞᆫ뎌 唱창 的디 唱칭 ○ 唱ᄒᆞᄂᆞᆫ이ᄂᆞᆫ唱
ᄒᆞ고 吹취 的디 吹취 ○ 부ᄂᆞᆫ이ᄂᆞᆫ불고 打다 的디 打다 ○ 치ᄂᆞᆫ이ᄂᆞᆫ
치고 又우 有우 穿촨 花화 過궈 柳리우 王왕 子즈 公궁 孫
쑨 們믄 ○ 또穿花過柳ᄒᆞᄂᆞᆫ王子公孫들도잇고 也여 有우 跑퍞 馬마
要얖 頑완 意이 兒얼 的디 ○ 또말을돌며노리ᄒᆞᄂᆞ니도잇고 也여

有와坐조船찬行싱令령哈하酒작的디○또비를타고수
을行ᄒᆞ여술먹ᄂᆞ니도잇고四쓰通퉁五우達다之즈路루人인
來릭人인往왕○四通五達ᄒᆞᆫ길의사름이오고가ᄂᆡ捏단的디挑탸
的디○엇지의메이니번ᄌᆞ의메이나拉라的디推퉈的디○스나니미
니나像샹這져樣양熱여鬧난的디寔시在재好한看
칸嘛려○이러ᄐᆞᆺ熱鬧ᄒᆞᆫ거시실로보기죠터랴我위看칸嘛려半반
天텬又우到닾一이箇거地디方방○ᄂᆡ半日을보고또ᄒᆞᆫ地方
의가니圍위着저一이羣춘的디人인○ᄒᆞᆫ무리사름이둘너거놀
我위也여不부知지道닾甚시麼마緣연故구○ᄂᆡ또
무삼연괴지아지못ᄒᆞ여排배開캐那나些셔箇거人인往왕裏

리 一이 瞧챠 ○ 그사롬들을헷치고안을ᄒᆞᆫ번보니 那나 裏리 頭투 站
잔 着져 十씌 來래 箇게 太타 漢한 ○ 그속의여라믄큰사롬이셧고
咳해 有우 幾지 箇거 年년 青칭 女뉘 兒얼 ○ 또멧저믄게집
이잇서 穿찬 的디 打다 扮반 是스 好화 像샹 耍솨 戲시
法화 的디 人인 ○ 입어비음ᄒᆞᆫ거시가장희ᄌᆞ노리ᄒᆞᄂᆞᆫ사롬ᄀᆞᆺᄐᆞᆫ뎌 那나 箇
거 人인 手식 拿나 一이 把바 刀도 子즈 ○ 그사롬이손의ᄒᆞᆫᄌᆞ
ᄅᆞ칼을들고 往왕 自즈 己지 嘴쥐 裏리 一이 插차 ○ 自己입속
으로ᄒᆞᆫ번쇼조 只즈 剩싱 下쌰 一이 寸츈 多도 的디 刀도 把
바 兒얼 ○ 다만一寸만되ᄂᆞᆫ칼ᄌᆞᄅᆞ만나맛시되 這져 箇거 人인 也여
不부 死쓰 也여 不부 倒도 地디 ○ 이사롬이또ᄒᆞᆫ죽지도안코또ᄒᆞᆫ것

구러지도아니ᄒᆞ여站잔咧려半반天텬又우拔바出츄這져

把바刀닾子즈○半日을셧다가또이칼을쎄여望왕那나女뉘兒

얼身신上쌍一이通퉁○그계집身上으로ᄒᆞᆫ번지른듸這져箇거

女뉘兒얼不부忙망不부慢만的듸○이계집이급히도아니ᄒᆞ

고느리게도아니ᄒᆞ여擧쥐起치一이把바扇싼子즈往왕上

쌍一이擋당○호조로扇子를드러우호로ᄒᆞᆫ번막으니這져刀닾却거

是스落로空쿵咧려○이칼이믄득공즁의ᄯᅥ러지더라他타們믄

兩량箇거一이上쌍一이下쌰耍솨咧려半반天텬

○져의두사ᄅᆞᆷ이ᄒᆞᆫ번오르고ᄒᆞᆫ번ᄂᆞ려半日을겨루더니這져女뉘兒얼終중

是스敵디不부過궈他타○이계ᄌᆞᆫ이못ᄎᆞᆷᄂᆡ듸젹지못ᄒᆞ여要얖

往왕外왜跑퍼的디時스候후兒얼○밧그로닷ㅍ ㅈ홀셰這

저刀닾子즈就직刺ᄎᆞ他타心신窩워裏리去취喇

려○이갈이곳져의심통의질니거놀我워當당他타是스眞진死

쓰喇려○니가져를참죽은줄노아롯더니半반天텬又우活호過

궈來리喇려○半日이나되여또ᄉᆞ라ᄂᆞ니這저都두是스弄룽

假자成청眞진的디戲시法방喇려○이거시다弄假成眞ᄒᆞ여

희롱ᄒᆞᄂᆞᆫ法이오又우是스那나女뉘兒얼手식拿나一이

塊괘紅훙珠쥬子즈○또그계집이ᄒᆞᆫ낫붉근구슬을가져다가擱거在

재手식裏리轉좐來리轉좐去취○손의노와이리굴니고져리굴리

니다가一이箇거成청十씨箇거十씨箇거成청百배

箇거○ᄒᆞ나이열이되고열이빅이되더니歸귀起치成청喇려一이
大다盤판的디櫻잉桃토兒얼○필경ᄒᆞᆫ큰소반의잉도롤일우니
這저樣양頑완意이兒얼不부過궈是스糊후弄롱
銀인錢쳔的디喇려○이런노리ᄂᆞᆫ不過이銀錢을속일ᄯᆞᄅᆞᆷ일너라又우
到닾一이家쟈要얖買매一이件쟌東둥西시○또ᄒᆞᆫ
집의가ᄒᆞᆫ가지물건을ᄉᆞ려ᄒᆞ니這저是스甚시麼마買매賣매家
쟈呢니○이ᄂᆞᆫ무ᄉᆞᆷ買賣ᄒᆞᄂᆞᆫ집이뇨不부是스咱쟈們믄中중
國궈人인開캐的디○이우리中國사ᄅᆞᆷ이버린거시아니오是스他
타們믄英잉國궈人인的디洋양行항喇려○이져英國
사ᄅᆞᆷ의洋行이로다我워打다那나行항門믄口쿠一이走주

○너져프리門ㅁ로가니有우一이箇거年년青칭的디小쌰
子즈○훈져믄小ㅓ가잇셔出츄來리讓양我워到됴裏리頭
투坐조着져○나와날ᄃᆞ려안의가안지라ᄒᆞ나我워打다着져這
져是스甚시麼마意이思스○니헤오되이무슴의ᄉᆞ노到됴椅
이子즈上썅一이坐조下쌰咧례○椅子우희가안ᄌᆞ니那나
箇거小쌰子즈斟진上썅茶차來리○그아희茶부어올니거를
ᄂᆞᆯ我워哈허咧려一이碗완茶차坐조一이候후兒
얼○너ᄒᆞᆫ그릇차를마시고ᄒᆞᆫ동안안졋더니他타纔채問운我워要얀
買매甚시麼마東둥西시呢니○제그제야ᄂᆞᆯᄃᆞ려무ᄅᆞᆫ되무삼ᄂᆞᆯ건
을사려ᄒᆞᄂᆞ뇨我워不부曉샾得더他타們믄買매的디[illegible]

시麽마○늬셔의파는거시무어신지아지못ᄒᆞ여問운他타有우些시
麽마寶반貨호呢니○저ᄃᆞ려무르되무삼寶貨잇ᄂᆞ뇨他타說쉬
是스沒메有우一이點뎐兒얼不부全챤的디○졔가
니ᄅᆞ되ᄒᆞ나토업ᄂᆞᆫ거시업시니客커官관只즈管관言얀語위些
셔見얼罷바○客官은다만말ᄒᆞ라我워要얀買매幾지塊쾌
時스表뱌三싼四쓰箇거掛과鐘중呢니○니몃ᄀᆡ時表와
서너ᄀᆡ掛鐘을소려ᄒᆞ노라他타照쟌樣양拿나過궈來ᄅᆡ一이
點뎐兒얼也여不부錯초○졔양ᄌᆞᄃᆡ로가져오되죠곰도틀니미업고
各거樣양底디下쌰都두畫화箇거碼마子즈○여러
가지밋히다碼子로그렷티라價쟈錢쳔也여比비這져裏리平핑

易이多도咧려○갑도여긔두끈헐ᄒᆞ더라所소以이在재那나
裏리買매些셔東둥西시○이러므로거긔셔저기물건을ᄉᆞ니公궁
平핑交쟢易이言얀無우二얼價쟈咧려○公平交易ᄒᆞ고
言無二價ᄒᆞ더라老랖爺여這져大츠可커以이住쥬多도
少샾日이子즈呢니○老爺아이번의가히언마日子롤留ᄒᆞ깃ᄂᆞ냐這져
沒메見얼是스無우有익甚시麽마大다事스住쥬
不부得더許쉬多도的디工궁夫부咧려○이번은무삼큰
일이업시니언마동안머므지아니ᄒᆞ교明밍見얼箇거完완了랖公궁
事스後후見얼箇거要얀走주啊아○ᄂᆡ일公事롤맛고모레가
려ᄒᆞ노라這져京징裏리有익義이豐봉銀인號한麽마

○이京裏의義豐이라ᄒᆞᄂᆞᆫ銀號가잇ᄂᆞ니라

你니問운他타作조甚시麼마

○네가져롤무러무엇ᄒᆞ랴ᄂᆞ뇨

我워有우幾지張장回휘票퍞要얖撦취銀인子즈去취咧려

○ᄂᆡ몃장回票가잇셔銀을ᄎᆞᄌᆞ가려ᄒᆞ노라

噯아喲야你니這져回휘票퍞是스打다那나裏리來리的디

○아야네이回票가어ᄃᆡ셔온거시뇨

我워打다上상海해銀인號핲裏리會휘來릐的디

○ᄂᆡ上海銀號로셔회계ᄒᆞ여왓노라

有우多도少쌒數수麼마

○언마나되ᄂᆞ뇨

가好핲上상萬완數수來리的디銀인子즈咧려

○가장萬兩이ᄂᆞ되ᄂᆞᆫ銀子로라

這져箇거票퍞恐콩怕파使쓰不부下쌰去취

○이票가져푸건ᄃᆡ쓰지못ᄒᆞ리로다

怎즈麼마說쉬呢니

○엇진말이뇨

他타們믄買매賣매不부興싱旺왕麼마○져의買賣가興
旺치못ᄒᆞ나不부是ᄉ那나麼마的디○그런거시아니라這져
義이豐봉家쟈是ᄉ京징裏리算싼他타頭투一이
箇거號화○이義豐은京裏의셔졔일자로치ᄂᆞ니頭투裏리在재城
청外왜的디時ᄉ候후兒얼○처음城外의잇슬셔눈他타的
디買매賣매可커以이幹간得더過궈兒얼○져의買賣
개개히할만ᄒᆞ더니如유今진挪노到닾東둥四쓰牌패樓루
○이제東四牌樓로올므미做주他타們믄王왕公궁侯후爺여
府부的디買매賣매○져의王公侯爺집의買賣를ᄒᆞ니所소以이
那나些셔箇거做주官관的디人인們믄○이러므로그벼

솔희ᄂᆞᆫ사ᄅᆞᆷ들이 都두打다他타那나裏리川찬換환銀인
子ᄌᆞ啊려○다그리로셔錢을출입ᄒᆞ니 這져麼마一이來레他
타的디生ᄉᆞᆼ意이越웨大다法바兒얼○이러ᄒᆞ여오므로뎌
의生意가더옥크더니 那나箇거時ᄉᆞ候후兒얼有우一이個
거南난京징的디人인○그셔ᄒᆞ南京사ᄅᆞᆷ이잇셔서他다做주道
궈一이省승的디總중督두○졔一省總督을지니여 自ᄌᆞ然
연是ᄉᆞ銀인錢쳔寬관大다些셔兒얼○自然銀錢이만터니
聽팅着져義이豐봉號화的디大다法바兒얼○豐義
號가크을듯고 把바幾지萬완銀인子ᄌᆞ都두存춘得더他
타那나裏리○幾萬銀子를다가다거긔두고 一이年년教잔他다

華音啓蒙諺解上 三十四

放방多도少쌰腿퉈子즈○한히의저로ᄒᆞ여곰 多少변젼을노와 越
워放방越워寬관○더욱노토록 더욱넓더니 誰쉬知지那나位
위官관見얼運윤氣치不부好화○뉘그位官人이 運氣不好ᄒᆞ여
惱난出츄一이場챵大다事스咧려○一場大事를 저즐너닐줄
이랏시 리오
因인爲위甚시麼마事스呢니○因ᄒᆞ엿ᄂᆞ 무삼일을
뇨 他타在재南난京징作조官관的디時스候후見
얼○제南京의셔 벼슬ᄒᆞᆯ셔의 貪탄財채惡어人인得더些셔箇
거銀인錢천○저믈을貪ᄒᆞ고사ᄅᆞᆷ의게못쓸 짓ᄒᆞ여여간銀錢을어덧더니 去취
年년京징裏리的디御위史스密미查차到닾那나
裏리○去年의京裏御史가密 查ᄒᆞ여거긔니ᄅᆞ러 查차得더這저宗중

大다案안○이러ᄒᆞᆫ큰案룰查得ᄒᆞ여回휘來릐一이奏주摺져을
歲쉬爺여○도라와ᄒᆞᆫ번萬歲爺의게奏ᄒᆞ니朝챠廷팅特테敎잔
刑싱部부論룬他타的디罪쥐○朝廷이特別이刑部로ᄒᆞ여곰져의
罪룰論ᄒᆞ니他타拿나錢쳔換환命밍不부定딩化화多
도少쌰銀인子즈啊려○져돈을가져命을맛구니언마銀을셧는지모롤러
라所소以이連련義이豐봉號한也여吃치一이點
텬見견虧쿼啊려○이러므로義豐號도져기허오로왓ᄂᆞ니라如유今진
這져裏리買매賣매家쟈都두不부要얀他타的디
呢니○이제여긔買賣ᄒᆞᄂᆞᆫ이다져롤슬히여ᄒᆞᄂᆞ니只즈怕파這져箇거
回휘票퍞使쓰不부下쌰去취啊려○다만이回票가쓰지못ᄒᆞᆯ

가져허ᄒᆞ노라那나箇거是스我워就작不부怕파呢니○
그거슨닉곳져ᄒᆞ아내ᄒᆞ노라萬완一이他타不부付부這저箇거
銀인子즈就주○萬一졔가이銀을너지아니면我워再재到됴上
썅海해本번鋪푸裏리能능要얀得더來리○니가다시
海本鋪의가능히달ᄂᆞ리라那나麼마就주不부怕파咧려○그러
면져푸지안타我워陪픠着져老랖爺여惱낲半반天텬的
디話화兒얼○니老爺를모셔半日말合ᄒᆞ여시미耽단悞우你니老
랖睡쉬覺쟢呢니○네잠을자지못ᄒᆞ게ᄒᆞ엿시니好화些셔歇셔
歇셔罷바○조히쉬여라明밍日이再재來리領링教쟌
○明日다시와가르치믈바드리라

華화音인啓지蒙멍諺연解제下쌰

這저位위打다扮반好한看칸 ○ 이位의비음호거시보기좃타 頭투戴대烏우紗쌰帽맏 ○ 마리의烏紗帽를쓰고 身신穿챤圓원領링大다袖식 ○ 몸의圓領大袖를입엇시니 好한像상漢한時스的디人인 ○ 가장漢時의사ᄅᆞᆷ갓ᄒᆞ여 敎쟌人인可커敬징可커美썬 ○ 사ᄅᆞᆷ으로ᄒᆞ여곰가히공경코가히부럽도다 好한說쉬我워們믄敝비國궈人인是스這저樣양粧좡扮반呢니 ○ 됴ᄒᆞᆫ말이여우리敝國사ᄅᆞᆷ은이쳐로비옴ᄒᆞ노라 好한啊아 ○ 좃타 看칸起치徐니來리必비有익品핀職지的디官관員원咧려 ○ 너를보니반다시品職잇는官員이로다 豈치敢간沒메有우那나

麼마大다的디前쳔程쳥哪。○豈敢ᄒᆞ리오그런큰前程이업노라
你니們믄來릐的디時스候후兒얼走주那나條댜
路루呢니○너의올ᄯᅢ의어ᄂᆡ길노왓ᄂᆞ뇨打다鳳봉凰황城쳥坐
了랴三싼套랖小쌴車쳐子즈○鳳凰城으로븟터셋멘小車룰
타고走주一이箇거多도月워纔채到닾這저北베京
징來릐咧려○ᄒᆞᆫ달남지시와서야갓이北京의이르럿노라噯아喲아辛
신苦쿠不부少쌒○아야辛苦롤적지아니계ᄒᆞ엿다爲위國궈家
쟈出츄力리敢간說쉬勞랖苦쿠麼마○國家롤위ᄒᆞ여出力
ᄒᆞᄂᆞᆫ디敢히勞苦롤말ᄒᆞ리오你니老랖高갚姓싱○네놉흔姓이여不부
敢간姓싱金진○不敢ᄒᆞ여라姓이金이로라沒메有우領링教

쟈○領教치못흐엿노라我위是스江쟝南난蘇수州직府부
人인○나는이江南蘇州府사룸이니賤쟌姓싱王왕啊아○賤흔姓이
主이로라這져㨾양好할遠원的디地디方방○이러흔가장먼
地方의셔來리這져京징都두有우何허貴귀幹간麼마
○이京都의와무슴貴幹이잇느뇨我워是스現쎤任인北베京징
禮리部부裏리郞랑中중○나는이現任北京禮部郞中이로라你니
瞧챠不부出츄這져帽먀子즈上쌍亮량藍란頂딩
戴대麼마○네이帽子우희亮藍頂戴를보지못흔다嗳아喲야在재下햐
的디失싀陪페你니啊려○아야在下가네게失陪흐엿노라幾
지時스高갈陞승的디○어느셔의놉흔벼솔흐엿느뇨十씌五우

歲쉬上쌍就쟉考잔童퉁生승○十五歲의곳童生의샘피여十
씌六릭歲쉬會휘過궈喇려鄕샹試스○十六歲의鄕試로ᄒᆞ、
고十씌八바歲쉬登등了랴進진士스○十八歲의進士의오
르고十씨九쥐歲쉬做주過궈京징城청裏리通퉁判
판○十九歲의京城通判을지닉고二얼十씨一이歲쉬陞승喇려
唐탕山싼縣쎤的디知지縣쎤○二十一歲의唐山縣知縣의오르고
今진年년二얼十씨五우歲쉬做주這져樣양的디
小쌒官관見얼○今年二十五歲의小官을ᄒᆞ엿노라이噯아喲야你
니老랖是스好한大다的디前쳔程청○아야네가이가장큰가
前程로다어好한說쉬都두是스萬완歲쉬爺여的디洪

해恩은○조흔말이여다이萬歲爺의海恩이로다你니們믄貴귀國궈
的디王왕法밯規귀矩쥐比비咱자們믄中중國궈
如유何허○너의貴國의王法規矩가우리中國의비ᄒᆞ량이면엇더ᄒᆞ뇨我워們
믄國궈是스讀두孔쿵孟멍之즈書슈○우리나라ᄂᆞᆫ이孔孟
의글을읽고行싱周쟉公궁之즈禮리○周公의禮를行ᄒᆞ니所소
以이四쓰書슈五우經징也여沒메有우不부講쟝
過궈的디○이러므로四書五經도오이지아니ᄒᆞᆫ이업고諸쥐子즈百
배家쟈也떠曉샤得더的디多도啊려○諸子百家도아ᄂᆞᆫ니
만아好화一이箇거有우禮리有우義이之즈邦방○
가쟝ᄒᆞᆫ禮義잇ᄂᆞᆫ나라이니眞진是스大다同퉁小쌰異이○진실

로大同小異ᄒᆞ니라 咱자們믄聽링說쉬是스○우리말을드르니 伱
니們믄那나邊변山싼淸칭水쉬秀식○너의그곳이山淸水
秀ᄒᆞ고 有우箇거平핑壤양府부的디地디方방是스
○ᄒᆞᆫ平壤府地方이잇ᄂᆞᆫ듸 好하大다的디去취處츄○가장큰곳이라
ᄒᆞ니 講쟝一이箇거景징致지給긔我워聽팅聽팅罷
바○ᄒᆞᆫ낫景致ᄅᆞᆯ일너ᄂᆡ게들니여라 嗳아喲야提티起치這저箇
거地디方방來리○아야이地方을提起ᄒᆞ량이면 好하的디狠흔
○가장좃타 城청底디下쌰有우箇거潮찬水쉬來리往
왕的디大다同통江쟝○城밋희潮水來往ᄒᆞᆫᄂᆞᆫ大同江이잇고 城청
上썅邊변有우箇거金진粉분丹단靑칭的디練련

光광亭팅○城우히金粉丹青ᄒᆞᆫ練光亭이잇고城청東둥邊변有위
箇거錦진繡식排배舖푸樣양的디綾링羅로緞돤
○城東녁히錦繡排鋪ᄒᆞᆫᄃᆞᆺᄒᆞᆫ綾羅島가잇고城청西시邊변有위箇거
玉위女뉘澹단粧좡樣양的디牧무丹단峰봉○城西
녁히玉女澹粧ᄒᆞᆫ듯ᄒᆞᆫ牧丹峯이잇고城청北베邊변有위箇거七치
層칭玉위塔타兒얼的디永융明밍寺스○城北녁히七層
玉塔永明寺가잇고對뒤岸안上샹蓋개起치了랴兩량三싼
層칭樓루○건너언덕우히兩三層樓를짓고樓루前쳔邊변拴산
了랴許쉬多도的디船찬隻치兒얼○[illegible]옴히[illegible]多ᄒᆞᆫ船隻을미
고滿만藏장了랴各거樣양的디貨호物우發바賣

매呢니○各樣貨物을가득이시러發賣ᄒᆞ고三싼月웨裏리紅훙的
디是스花화○三月의붉은거슨이꼿시오綠루的디是스柳릭
○프른거슨이버들이라多도少쌒的디王왕孫쑨公궁子즈
○여러王孫公子가各거載재啊려天텬上쌍吊댜下쌰來
릭的디二얼八바女뉘佳쟈人인○각각天上으로나려온듯ᄒᆞᆫ二
八佳人을시러唱챵的디也여有우○노릭ᄒᆞ는이도잇고彈탄的디
也여有익○타는이도잇고吹취的디也여有와○부는이도잇셔이
這저樣양熱여鬧난的디光광景징○이런熱鬧ᄒᆞᆫ光景은眞
진是스一이口쿠難난說숴○참一口難說이로라噯아喲야
聽텅到닾你니這저箇거話화兒얼來릭○아야네이말을

드르덕 就직像샹咱자們믄蘇수杭항地디方방一이

般반一이樣양○곳우리蘇州杭州地方과갓도다 咱자們믄講쟝

到댜半반天텬的디話화○우리半日이나말ᄒᆞ여도 咳해沒메

有우領링過궈教쟌訓쓘○오히려教訓을밧지못ᄒᆞ엿시니 請칭

大다人인開캐金진口쿠發바玉위言얀○청컨대大人은

金口ᄅᆞᆯ여러玉言을發ᄒᆞ여 把바那나箇거江쟝南난的디好한

處츄講쟝一이講쟝○뎌江南의조흔곳을다가ᄒᆞᆫ번말ᄒᆞ라 我워那

나箇거口쿠氣치講쟝不부到댜好한處츄○ᄂᆡ저口氣

가말ᄅᆞᆯ잘ᄒᆞ지못ᄒᆞ니 你니呢니別베見쟌笑쌰○네웃지말라 喫

아喲야那나裏리話화○아야엇진말고 文운才채人인物

華音啓蒙諺解下　五

華音啓蒙諺解下　五　一

우也여出츄在재南난邊변○文才와人物도南邊셔나고土투
産찬的디寶뱌物우也여是스不부少쌰○土産엣寶物도
적지아니ᄒᆞ다別베那나麽마過궈讓양罷바○저리過讓치말나
那나邊변土투産찬是스○우리져곳土産은不부過궈綾
링羅로紬착緞돤○不過綾羅紬緞이며潤휘長창的디大다
布부○넓고긴大布며洞둥庭팅的디橋쟈子즈○洞庭橘子며
福부建잰的디氷빙糖탕○福建氷糖이며磁츠州직的디
磁츠器치○磁州磁器오又우提티我워們문那나邊변
西시湖후上쌍的디景징致지○또우리져西湖景致를말ᄒᆞ면一
이筆비難난畫화○一筆畫로다講쟝的디很흔好화○

론ᄂᆞᆫᄒᆞᆫᄂᆞᆫ거시가장조호니 敎쟢人안越웨聽딍越웨好핫◯사룸
으로ᄒᆞ여곰듯도록더욱조타 我위們믄外왜方방的디人인◯우리
외方사룸온 想샹去취也여去취不부了랴◯가고져ᄒᆞ여도가지
못ᄒᆞ니 若샤是스到됴那나裏리瞧챺一이會휘兒주
◯만일거긔가ᄒᆞᆫ번보면 一이輩베子즈不부想샹廻휘家쟈
◯일싱이라도집의도라가기룰셩각지아니리라 你니呢니今진天텬不
부上쌍部부裏리去취麽마◯네오늘은마을로가지안ᄂᆞ냐 今진
天텬是스下쌰班반的디間견日이子즈◯오늘은이번나은
ᄂᆞᆫ빈놀이니 公궁事스不부在재我위的디身신上쌍◯
公事가너몸의잇지아니ᄒᆞ여 所소以이無우拘쥐無우束수的디

○이러므로拘束ᄒᆞ미업시平핑坐조家쟈裏리○편이집의안젓다가遇위見쟌你니這저位위貴귀客커○네이位貴客을만나談탄

談탄內네外왜的디事ᄉ由위○內外事由를말ᄒᆞ니這저不부是ᄉ有우緣연千쳔里리來릭相샹會휘○이인연잇시면千里라도와셔로모이고無우緣연對뒤面면不부相샹逢봉

○인연업시면對面ᄒᆞ여도로만나지못ᄒᆞ미아니냐쉬這저樣양的디話화兒얼不부錯초○이런말이그르지아니타好화說쉬你니哪나

○죠흔말이여네로다咱자們믄把바這저箇거閒쎤話화先셔擱거一이邊변○우리이閒話를다가아직ᄒᆞᆫ편의두고咳해要얀

領링敎쟌○또가라치믈밧고저ᄒᆞ나你니老란別베煩빤心신

○너는 [illegible]心ᄒᆞ지 말라 怎즈麽마說숴呢니○엇진 말이뇨 咱자們
믄彼비此츠否부咧려○우리 彼此의ᄂᆞᆫ 沒메有우講쟝究
쥬○론난이 업ᄉᆞ니 你니有우話화只즈管관講쟝來ᄅᆡ罷
바○너 말이 잇거든 다만 말ᄒᆞ여라 聽팅說숴中즁國궈開캐科커
取츄才채好한不부容융易이○말을 드르니 中國의 과거를 열어
지죠ᄅᆞᆯ 취ᄒᆞ미 가장 容易치 아니ᄒᆞ여 兩량年년一이鄕썅試스三싼年
년一이會휘試스○兩年의 ᄒᆞᆫ번 鄕試오 三年의 ᄒᆞᆫ번 會試니 錯초咧려
滿만肚두文운章쟝不부能능來ᄅᆡ考캎○滿肚文章이 아
니면 能히 와 보지 못ᄒᆞᄂᆞ니 所소以이在재京징在재外왜的디
大다小쌰官관員원○이러므로 在京在外ᄒᆞᆫ 大小官員이 那나一이

箇거不부能능○어느ᄒᆞ나히能치못ᄒᆞ며 那나一이箇거不부明밍○어느ᄒᆞ나히붉지못ᄒᆞ리라 這져樣양大다邦방之즈地디○이런大邦의 大다才채大타用용的디話화一이點뎐見견不부錯초○큰져죠면크게쓰단말이조곰도그르지아니타 好한說숴○죠흔말이여 你니們믄那나邊변像샹咱자們믄中중國궈不부差차甚시麼마○너의져거가우리中國파갓타언마틀리리지아니ᄒᆞ되 只즈是스穿촨帶데的디衣이服부兩량路루○다만입고써나는衣服이두길이니 從충那나朝챠那나代대就쥐是스這져樣양麼마○어늬朝와어늬代로죳차뭇이ᄒᆞ양이뇨 我워們믄是스上상古구以이來리○우리네브터오므로 終중

沒메有약改개過궈哪려○맛춤ᄂᆡ곳치미업ᄉᆞ시니所소以이
算쏸我워們믄東둥國궈是스○이러므로우리東國을都두
叫쟌小썊中중華화○다小中華라니르ᄂᆞ니라我워頭투一이
次츠會휘過궈你니呢니○ᄂᆡ쳐음으로ᄂᆞᄅᆞᆯ맛나說쉬得더
這져些셔箇거話화兒얼○이런말을말ᄒᆞ니敎쟌我워心
신裏리爽쐉快쾌的디狠흔○날노ᄒᆞ여곰ᄆᆞᄋᆞᆷ이가장시원ᄒᆞ여라
這져北베京징城청是스○이北京城은本븐來릐古구
燕연地디方방○근본녯燕나라地方이러니如유今진大다淸
청家쟈○이제大淸나라히建쟌都두以이來릐○도읍을셰워오
므로三싼市시六릭街계○三市六街와九직城쳥九직門

華音啓蒙諺解下 八

믄○九城門과九內내外왜皇황城쳥○內外皇城과大다小
쏘衙후衙퉁○大小ᄒᆞ과굴作조官관爲위官환的디○
官ᄒᆞ며宦ᄒᆞᄂᆞᆫ이와作조買매作조賣매的디○買ᄒᆞ며賣ᄒᆞᄂᆞᆫ니人
인山쌘人인海해○人山人海ᄒᆞ여來래來래往왕往왕○
來來往往ᄒᆞ며挨애挨애擠치擠치○挨挨擠擠ᄒᆞ며你니拉라我
워扯츠○너ᄂᆞᆫ셜면나ᄂᆞᆫᄒᆞ리여像상這져樣양熱여鬧노的
디地디方방○이갓치熱鬧ᄒᆞᆫ地方이天텬底디下쌰也여能
능有우得더了랸麽마○하ᄂᆞᆯ아래또능히잇시랴實시在재的
디話화○실상말이로다連련南난京징也여比비不부上
쌍這저裏리喇려○南京이라도여긔비치못ᄒᆞ리라今진天텬我

위陪페着져大다人인講쟝過궈這저些셔箇거話
화兒얼○오늘ᄂᆡ大人을뫼셔이런말을강론ᄒᆞ미好한囉로嗦소囉로
嗦소○가징분쥬케ᄒᆞ엿다분쥬케ᄒᆞ엿다那나裏리的디話화○엇친
말뇨이咱자們믄裏리頭투否부咧려○우리사이어든咳해
要얀拘쥐禮리麽마○오히려거리기랴의我위要얀告간
辭츠大다人인○ᄂᆡ가大人의게ᄒᆞ직ᄒᆞ려ᄒᆞ노라這저是스使쓰
不부得더的디○이는횡치못ᄒᆞ리라你니旣지是스到닾我
위這저裏리來릭○네이믜ᄂᆡ게와셔那나有위怎즈麽마
快쾌走주的디○그엇지ᄲᆞᆯ니미잇시리오가你니先션別베走
주○네아직가지말고坐조一이候후兒얼哈허一이碗완

茶차○흔동안안져흔룻차를마시고 그吃치一이點뎜兒얼點뎜
心신○조곰졈심을먹고哈하一이鐘중酒쟉再재走주罷
바○흔잔술을마시고다시가라教쟈底디下쌰們믄○으리사룸들로
흔·여곰叫쟈那나箇거厨츄房방的디○저厨子사룸을불러預
유備븨各거樣양點뎐心신葷훈素수酒쟉菜채來
릐罷바○各樣點心과葷素酒菜를預備흔여오게흔라嗳아喲아費븨心
신老랖大다人인○아야者大人을費心게흔엿노라這져些셔箇
거禮라兒얼○이러흔禮롤我워怎즈麼마當당得더起
치呢니○니엇지當흔리오這져是스便편易이酒쟉飯반
○이는이예사술과밥이여오沒메有우甚시麼마可커口쿠的디

○무슨입의맛는거시업고不부過궈是스西시洋양葡푸萄토

酒작○不過이西洋葡萄酒며安안徽휘的디竹주笋순○安徽

의竹笋이며杭항州자的디柑싼子즈○杭州의柑子며玉위田

뎐的디火호腿퉤○玉田의火腿며松숭江쟝的디鱸루魚

위○松江의鱸魚라沒메有우甚시麽마[illegible]싼珍진海해味

위○무슨山珍海味업시니파你니却쿼別베嫌션粗추請칭用

융一이用융罷바○네눈粗ᄒᆞᆫ물혐의치말고ᄒᆞᆫ번자시기를쳥ᄒᆞ노라咱자

們믄化화箇거拳첸打다箇거賭두○우리化拳ᄒᆞ여ᄂᆡ기ᄒᆞ되

你니贏잉我워輸슈○네익이나ᄂᆡ지나多도哈허兩량鍾

중酒작纔채好화○만히두어잔술마시미맛치좃타我워們믄外

華音啓蒙諺解下 十一

왜國궈人인○우리外國사름이不부會휘化화拳촨的디
數수見언○化拳ᄒᆞᄂᆞᆫ數로아지못ᄒᆞ니不부敢간領링教쟈喇
려○敢히가ᄅᆞ치믈밧지못ᄒᆞ노라那나麼마就주咱자們믄不부
必비打다賭두○그러면우리ᄂᆡ기러말고你니篩쌔我워斟징
○네부으며녀공경ᄒᆞ여盡진量량見언哈허罷바○냥것먹자我
위這저箇거酒직量량哈허不부得더大다酒직○
내이酒量이슐을허마이시지못ᄒᆞ니만實시不부敢간從충命밍○노실
敢히命을좃지못ᄒᆞ노라我워聽팅說쉬你니們믄那나邊볜土
투產찬的디靈링草찬○너의말을드르니너의그곳土產의靈草가有우
一이種중人인蔘쓴是스○一種人蔘이잇져我워們믄閙

난方방要약緊진所소用융的디東둥西시○우리中方

의要緊히쓰는바물건이니你니把바那나箇거根근底디講쟝

一이講쟝罷바○네그根底를다가ᄒᆞᆫ번론난ᄒᆞ라我워們믄那나

邊변有우箇거松숭都두府부○우리그곳의松都府가잇서出

츄這저樣양藥약材채○이런藥材나되一이補부元원氣

치○첫지는元氣를補ᄒᆞ고二얼補부身신體티○둘재는身體를補ᄒᆞ

여眞진有우起치死쓰回휘生승的디妙먀理리○

참이起死回生ᄒᆞ는妙理잇시니所소以이連련我워們믄本븐國

궈也여寬콴大다的디所소用융○이러므로우리本國의셔도넓리

고크게쓰는비라拿나一이斤진人인蔘쎤○ᄒᆞᆫ근人蔘을가저能

華音啓蒙諺解下 十一

능換환一이斗투金진子즈○능히ᄒᆞᆫ말금을밧고ᄂᆞ니寶시在

재的디得더不부容용易이○실노엇기容易치못ᄒᆞ다俗쉬言

얀道또黃황金진有의價자藥야無우價쟈○俗言의니

ᄅᆞ되黃金은갑시잇시되藥은갑시업다ᄒᆞ니說숴的디不부錯초○이ᄅᆞ미그

ᄅᆞ지아니라我위今진天텬來리到닾貴귀府부○ᄂᆡ오ᄂᆞᆯ貴

府의와教쟈大다人인費븨心신費븨心신○大人으로ᄒᆞ여

금費心費心계ᄒᆞ엿다你니這져怎주麼마說숴呢니○네이무슴

말이뇨天텬下쌰人인交쟈天텬下쌰友우○天下사ᄅᆞᆷ이天

下벗을ᄉᆞ괴되一이遭잪生승兩량遭잪熟슈○ᄒᆞᆫ번엔설고두번엔

닉ᄂᆞ니你니呢니別베當당外왜人인看칸顧귀我위

罷바○네나를外人쳑로看顧치말나越웨交쟈越웨學후○사필소록

더욱듯터우니這저纔채是스朋평友우的디道닾理리○

이맛치朋友의道理니라咳해用용說숴麽마○오히려말디나홀我워

是스那나一이塘탕不부來릐○너이어너번의오지아니ᄒᆞ리오

來릐就직必비來릐瞧쟌大다人인○오면곳반다시大人을보

리라吗쟌跟근班반的디○跟班的로불너把바那나箇거小

쌰車쳐套톼上쌍○저져근슐위를다가메오고拿나那나匹비

黑희驢뤼子즈背베鞍안子즈○그거믄나귀롤가기르마지어다

一이同통送숭到닾館관裏리廻휘來릐罷바○흔가

지로館裏의보내고도라오쟈噯아喲야費븨心신費븨心신○아야

華音啓蒙諺解下 十二

費心費心ᄒᆞ엿다 回휘國궈的디時스候후見얼再재來릐
謝셔謝셔大다人인○回國헐셕의다시와大人의계사례ᄒᆞ리라 回휘
來릐哵려○도라왓다 徐니老랖今진天텬上쌍那나裏
리去취來릐哵려○네오날어듸갓다오ᄂᆞ뇨 怎즈麽마這저箇
거時스候후見얼纔채廻회來릐麽마○엇지이셕의갓도라
왓ᄂᆞᆫ다 我위在재城청外왜頭투來릐哵려○니셩밧긔셔왓
노라 金진老랖爺여昨조見얼箇거在재城청外왜那
나裏리來릐着저○金老爺아어졔셩밧어듸셔왓ᄂᆞ뇨 我위在재順
쉰治지門믄外왜○니順治門밧 大다街졔路루東둥禮
리部부做주官관的디宅제裏리○큰거리동편 禮部벼슬ᄒᆞᄂᆞᆫ이

집의잇셔惱노半반天텬的디口쿠○半日을말ᄒᆞ여一이半반
候후兒얼不부教쟈回휘來릐○즉시도라오지못ᄒᆞ게ᄒᆞ기로所
소以이在재那나裏리耽단悞우的디咧려○이러므로
거긔잇셔더듸엿노라今진天텬咱자們믄館판裏리沒메有
우事스麽마○오날우리館裏의일이업ᄂᆞ냐怎즈麽마沒메有우
事스呢니○엇지일이업소리오昨조兒얼箇거打다禮리部
부裏리下쌰來릐文운書슈○어제禮部의셔글월이ᄂᆞ려教쟈
我워們믄交쟈貢궁呢니○우리로ᄒᆞ여곰공물을밧치라ᄒᆞ엿다噯
아喲야我워却커是스寔시在재不부知지道도咧려
려○아야너ᄯᅩ실노지못ᄒᆞ엿노라아那나麽마就주叫쟈通퉁事

華音啓蒙諺解下　十三

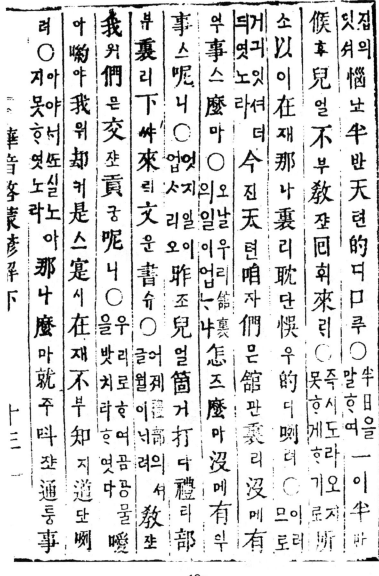

스們믄○그러면곳通事들을불너把바貢궁物우拾시得더停

텅當당纔채好한走주○貢物룰다가수습ᄒ기를停當이ᄒ여야맛치가기

가하죳那나就짇是스啊려○그거시곳올타把바東둥西시

都두打다開캐啊려○물건을다가다버려시니老랖爺여係니

來릐瞧챺瞧챺○老爺아네와보고보ᄋ點뎐點뎐數수見얼

罷바○數룰혜여라係니開캐那나箇거箱썅子즈○네저

箱子열고룰拿나出츄官관服부朝챺靴쉐來릐○官服과朝

靴져룰다가가都두擱거得더外왜邊변○다밧긔두고別베擱

거裏리頭투○속의두지말아臨린走주時스候후見얼○

갈셔의不부用융手식忙망脚쟢亂롼罷바○手忙脚亂치안

게ᄒᆞ여라 貢궁物우都두裝쟝車처咧려沒메有우啊아

○貢物을다술위의시럿ᄂᆞ냐아니ᄒᆞ엿ᄂᆞ냐 早잔已의拾시得더好한

啊아○발셔잘수습ᄒᆞ엿노라 那나麼마就주直지赶간部부

裏리去츄罷바○그러면部裏로가쟈 到다來릭咧려○왓다嘜

아喲야衆중位위老랖爺여們믄來릭咧려麼마○

아야여러位老爺들이왓ᄂᆞ냐 一이路루上쌍太태平핑○一路의太平ᄒᆞ

냐 好한說쉬○죠흔말이여 托토福부托토福부○福을힘닙

엇노라福을힘닙엇노라 你니們믄國귀王왕萬완福부○너의國王의

어萬福ᄒᆞ시냐 仰양托토中중國귀的디洪홍福부太태平

핑無우事스了랖○中國의洪福을힘닙어太平無事ᄒᆞ시다 衆중位위

大다人인們믄在재上샹○여러位大人들이在上ᄒ시니在재下
쌰的디問운好할○在下的가평안ᄒ시믈뭇노라好할說숴豈치
敢간○죠흔말이여豈敢ᄒ리오你니們믄幾지位위先션坐조
一이坐조○너의여러位가몬저안저哈허一이盃베茶차○ᄒᆞᆫ잔
茶마시고再재辦반公궁事스罷바○다시公事를판단ᄒ여라不부
敢간當당啊아○敢히當치못ᄒ노라咱자們믄先션公궁後
후私스纔재道도理리○우리公을몬저ᄒ고私를뒤히ᄒ논거시맛치道理
니那나能능先션領링厚후情칭麽마○엇지몬저厚ᄒᆞᆫ情을
밧으리오把바拿나進진的디物우件잔○가저온物件을다가都
두打다開캐瞧챺瞧챺○다여러보고點뎐點뎐數수兒

얼好한交쟈庫쿠○數로혜여잘庫에맛기라那나就쟉是스뗴

려○그거시꼿올타各거樣양都두査차到됴好한嚟려○

各樣을다사실ᄒᆞ기롤잘ᄒᆞ엿노라那나麼마就주○그러면拿나箇거

紙지条턒○죠희오리롤가져先션把바庫쿠門믄封봉上

쌍○몬져庫門을다가封ᄒᆞ고打다箇거印인信신年년月웨別

베記지錯초罷바○年月의印信을처름이업게ᄒᆞ여라그噯아喲야

謝셔謝셔大다人인們믄○이야大人들을사례ᄒᆞ노라今진天

뎐忒텨勞랖神신的디不부小쌴○오날너모勞神ᄒᆞ미젹지안타

那나裏리話화呢니○이엇진말이뇨你니們믄朝챠鮮션

國궈是스○너의朝鮮國이自즈古구以이來릐○녜로븟터오므

로服부事ᄉ我워們믄中중國궈◯ 우리中國을服事ᄒᆞ여 沒메有우一이點뎐兒얼錯초處츄◯ 조곰도틀님이업거늘 何허況광大다淸칭家쟈待대你니們믄不부錯초◯ ᄒᆞ믈며大淸家도너의되접ᄒᆞ기를틀니지안케ᄒᆞ미여 彼븨此츠都두是스給귀主쥬子즈辦반事스否부咧려◯ 彼此다이나라로위ᄒᆞ여일을 판단ᄒᆞᄂᆞᆫ거시니 那나能능錯초得더了랴◯ 엇지能히그르게ᄒᆞ리오 噯아喲야這저樣양痛등愛애我워們믄◯ 아야이리우리를심히사랑ᄒᆞ니 生승受식不부當당的디咧려◯ 바다當치못ᄒᆞ노라 請칭問운這저禮리部부正징堂탕徐쉬大다人인是스◯ 請권ᄃᆡ뭇ᄂᆞ니이部正堂徐大人은 那나鄕썅的디人인

○어너교을사람이여有우甚시麼마功궁勞랖○무삼功勞가잇서

做주這져樣양的디高갼官관○이런高官을ᄒᆞ엿ᄂᆞ뇨我위

要얖領링教쟢呢니○너가라치믈밧고져ᄒᆞ니請칭㑭니老랖

說숴一이說숴罷바○청컨디너ᄂᆞᆫᄒᆞᆫ번말ᄒᆞ라在재下쌰的디

洗씨耳얼敬징聽팅○在下的귀를싯고공경ᄒᆞ여드르리라那나徐

쉬大다人인是스○그徐大人은本븐來릭官환門믄子

즈弟디○本來官門子弟로在재本븐鄉썅裏리中중啊려

文운擧쥐○本鄉의셔文擧를ᄒᆞ고到닾京징赶갼考캎拔바

例려頭듀一이名밍進진士스○서울와과거보아장원進士의샘혀

做주過궈內네閣거的디中중書슈○內閣의中書를ᄒᆞ고以

이後후陞승咧려南난京징的듸學쇼院원○以後南京
學院의올나拔바出츄多도少쌰人인才채○人才를만히빼혀
爲위國궈報뱊忠중○나라를爲ᄒᆞ여츙셩으로갑ᄒᆞ니所소以이
我위們믄萬완歲쉬爺여○이러므로우리萬歲爺가特터加쟈
二얼品핀尙샹書슈○특별이二品尙書를더ᄒᆞ시니這져眞진是
스官관星싱高갚照쟢明밍公궁○이진실로官星이놉히明公의
긔빗칠다ᄒᆞ미一이點뎐不부虛쉬啊아○죠곰도부이지아니라噯
아喲야好한不부容용易이咧려○아야가장容易치안토다天
텬氣치不부早잪○ᄒᆞᄂᆞᆯ이느졋시니改개日이再재會휘
罷바○다른날다시모이쟈你니要얖走주麼마○네가려ᄒᆞᄂᆞ냐不

부送숭你니們믄幾지位위啊아○너의여러位를보니지못ᄒᆞ노
라大다家쟈回휘來리咧려○모도도라왓다看칸門믄的
디回휘話화○看門的가말을알외되門믄口쿠外왜頭투有
우一이箇거人인○門口밧긔ᄒᆞᆫ사ᄅᆞᆷ이잇서手ᄉᆛ拿나名밍帖
톄說숴是스○손의名帖을가지고말ᄒᆞ되請칭老랖爺여呢니
○老爺를請ᄒᆞ거놀我워問운他타打다那나塊쾌來릐的
디○ᄂᆡ저ᄃᆞ려무ᄅᆞ되어ᄃᆡ로셔왓ᄂᆞ뇨他타說쉬是스○뎌말ᄒᆞ되前쳔
門믄外왜頭투○앏門밧긔有익箇거甚시麼마王왕大
다人인府부裏리來리的디○무슴王大人府의셔왓다ᄒᆞ더라我
워想샹起치來리咧려○ᄂᆡ셩각ᄒᆞ엿다這저是스我워們

믄幾지輩베子즈交쟢成칭的디呢니○이우리면뎌로소괴여아나니로다你니맏쟈那나箇거跟근班반的디進진來리罷바○네그跟班的로불너오라我워們믄老랖爺여招쟢你니進진來리啊아○우리老爺가너를불너오라ᄒᆞ더라進진來리咧려○드러왓다給긔大다老랖爺여請칭安안哪나○大老爺의게請安ᄒᆞ노라你니們믄大다人인府부裏리平핑安안麼마○너의大人의府裏가平安ᄒᆞ냐我워們믄老랖大다人인是스○우리老大人은去취年년陞승咧려兩량江쟝總중督두○去年의兩江總督의오르고三싼大다人인是스○三大人은在재外왜做주官관咳해沒메有우回휘來릐○밧긔잇셔

벼슬ᄒᆞ여오ᄒᆡ려도라오지아니ᄒᆞ엿고只즈是스二얼大다人인在재
府부○다만二大人만府의계셔說쉬是스要얀來릐拜배望왕
○말삼ᄒᆞ기롤와拜望ᄒᆞ것노라ᄒᆞ시되沒메有우得더閒션工궁夫
부○ᄒᆞᆫ가ᄒᆞᆫ결을을엇지못ᄒᆞ여特더派파小쌴的디們믄來릐
請칭大다老랖爺여○특별이小的們을시겨大老爺롤請ᄒᆞ여上샹我
워們믄府부裏리去취呢니○우리府에오시라ᄒᆞ더라那나麽
마就주○그러면拿나我워的디名밍帖톄先션回휘
去취罷바○너名帖을가저몬저도라가라我워隨쉬後후就주走
주啊아○너뒤희곳가리라這져箇거時스候후見얼有우
幾지點뎐鐘중麽마○이셔가무슴시각이나되엿ᄂᆞ뇨纔재八바

點뎐鐘중兒얼○겨오入點鐘되엿다趕간十씨下쌰鐘중走
주也여是스得더○十點鐘을밋처가눈거시또올타俆니뫄쟌那
나箇거趕간車쳐的디○비그趕車的롤불너把바那나箇거
車쳐圍위子즈○저車휘장을다가都두換환箇거新신新
신顔얀色새罷바○다新新ᄒᆞᆫ빗츠로밧구고那나箇거名밍帖
레拜배匣샤也여擱거得더車쳐裏리頭투○저名帖拜
匣도車속의두고所소用융的디東둥西시一이件쟌也여
別베忘왕罷바○所用ᄒᆞᆯ믈건을ᄒᆞᆫ가지도낫지마라都두妥토妥토
當당當당的디咧려○다妥當히ᄒᆞ엿노라走주罷바○가쟈出
츄城쳥門문不부一이候후見얼就주到닾啊아○

城門의나귀훈동안못도여나곳왓다 那나大다街계當당間잔紅훙油

우的디大다門문 ○ 저큰거리중간븕은칠훈大門이 這져不부是

스王왕大다人인的디府부上샹麼마 ○ 이王大人의府上이

아니냐 是스喇려 ○ 올다 那나麼마就주 ○ 그러면 把바我

워的디名밍帖톄到닾門문房방裏리 ○ 내名帖을다가門房의

가 教쟢他타們믄送숭進진裏리頭투去취罷바 ○ 저의로

훈여곰안의드리게훈여라 大다人인이請칭進진去취呢니 ○

大人이드러오시믈請호다 嗄아喲야甚심風풍吹취到닾 ○ 아야

무슴바룸이부러 教쟢大다人인勞랖駕쟈 ○ 大人으로훈여곰슈고롭

계훈여 光광臨림寒한府부 ○ 寒府의光臨훈시니 慙잔愧회慙

잔愧회○慙愧慙愧호여라豈치敢간當당的디○엇지敢히당호
리오大다人인閤허府부均쥰安안麼마○大人의閤府가均安
호시냐托토福부托토福부○福음힘닙엇노라福을힘닙엇노라大다
入인從충貴귀國궈來래的디時스候후兒얼○大人
이貴國으로셔이즛太올셔那나關관東둥一이處츄年년成청如
유何허○져關東호곳의年成이엇더호더뇨年년成청倒닾好핲○
年成은도로혀죠호더就짇是스吃치食시東둥西시越위發
밧貴귀了랖○곳먹눈을건은더옥貴호더라那나是스怎조麼마
緣연故구呢니○그거시이무슴緣故뇨沿연道닾開캐店뎐
的디○길가의開店鋪가吃치客커穿촨客커○客의게먹으며客듸

게입으니所소以이不부打다客커身신上쌍增증錢쳔
就주○이러므로客의몸을좃차돈을남기지아니면打나那나裏리來릐
使쓰用융的디呢니○어듸로나셔쓰리오噯아喲야這저箇
거東둥西시們믄好핲混훈帳쟝啊아○아야이놈들이가장
교약ᄒᆞ다那나關관東둥是스○그關東은比비這저北베京
징城청越웨冷릉的디地디方방○이北京의北ᄒᆞ면더옥찬地方
이라今진年년下쌰多도大따雪쉐麽마○今年의언마눈이왓
ᄂᆞ뇨噯아喲야提티起치這져箇거話화兒얼○아야이말
을니ᄅᆞ면塞시在재了랖不부得더○실노견듸지못ᄒᆞᆯ너라怎조
麽마說쉬呢니○언진말이뇨我위們믄剛깡出츄鳳봉

華音啓蒙諺解下　二十

鳳황城쳥地디方방○우리갓鳳凰城 邊方의나와 到닾遼랸東
동界제上쌍○遼東디경 의니르미 下쌰咧려三싼天텬一이
夜여的디大다雪쉐○큰눈이나려 사흘ᄒᆞ로밤의 滿만山싼滿
만溝구都두像상粉분壁비攏양兒얼○산의가득 ᄒᆞ고ᄀᆡ울
의가득ᄒᆞ여다粉 壁모양갓ᄐᆞᆫ되 寡과下쌰箇거大다雪쉐該해倒
닾不부要얀緊진的디○다만큰눈만나려시면 도로혀관계치안킷다 又
우刮과一이塲챵大다風봉○ᄯᅩ一塲大 風이부러 套톼車쳐
的디牲승口쿠睜정不부開캐眼얀睛징○술위메 운짐싱
이눈을ᄯᅳ 지못ᄒᆞ고 趕간車쳐的디拿나不부起치鞭변子즈
○趕車的가챗직 을드지못ᄒᆞ니 如유何허走주得더開캐○엇지 가리

오萬완一이走주到닾大다高갚嶺링上샹○萬一크고
놉픈嶺上의니ᄅᆞ면東둥刮과來ᄅᆡ的디風붕西시刮과來ᄅᆡ
的디雪쉐○東으로몰녀오ᄂᆞᆫ바람과西으로몰녀오ᄂᆞᆫ눈이堆뒤在재一
이塊괘成청箇거雪쉐洞둥一이樣양○ᄒᆞᆫ곳의ᄊᆞ여雪洞과
갓치되엿ᄂᆞᆫ디像샹我워們믄走주道닾的디遭잪多도大
다罪쥐麼마○우리갓치길가ᄂᆞᆫ이언마ᄑᆡ싱을ᄒᆞ엿시라曖아喲야大
다人인們믄受싴罪쥐不부少쌒咧려○아야大人들이고싱
을젹지안게ᄒᆞ엿다到닾這져步부田텬地디何허能능說쉐
得더麼마○이런거름ᄯᅡ의이르러엇지능히말ᄒᆞ라你니呢니那나年
년送숭我워的디兩량幅부對뒤聯련是스○네그ᄒᆡᄂᆡ

게보닌두폭對聯은那나國궈人인寫셔的디麼마○어누나라사람
의쓴시뇨거是스我워國궈人인寫셔的디○이우리나라사람이
셋다你니老랖問운這져箇거干간甚시麼마○네이ᄅᆞᆯ무
러무삼ᄒᆞ려ᄂᆞ뇨去취年년正징月웨是스○去年正月은이我위
們믄老랖大다人인的디生승日이○우리老大人의生日이니
打다宮궁裏리頭두來래一이位위太태監잔○궐딕
안으로셔좃ᄒᆞᆫ太監이와太爲위我워們믄大다人인拜배壽싀
的디○우리大人을爲ᄒᆞ여拜壽ᄒᆞ리那나天텬把바這저箇거對
뒤聯련掛과起치來리着져○그ᄂᆞᆯ의對聯을다가걸고보더니那
나太태監잔擡태頭투一이看간○그太監이미리ᄅᆞᆯ드러ᄒᆞᆫ번보

고勾구我워拿나銀인子즈要얀買매呢니○날드려銀
을가저사노라ᄒᆞ니 깃 何허敢간要얀他타的디銀인子즈麼
마○엇지감히저의銀을달나ᄒᆞ리오 若얀是스不부送숭給긔他
타罷바○만일저의게보ᄂᆡ지아니ᄒᆞ면 恐쿵怕파他타怪괘惱낲
我워們믄○저푸건ᄃᆡ제우리를고이히볼가ᄒᆞ여 所소以이給긔他
타送숭去剳喇려○이러므로저를주어보ᄂᆡ엿더니 以이後후這
져位위太태監잔打다派파人인來ᄅᆡ說숴是스○
이후의이太監이사ᄅᆞᆷ을시겨와말ᄒᆞᄃᆡ 那나幅복對뒤聯련是스誰쉬
寫셔的디麼마○그幅對聯이뉘쓴거시뇨ᄒᆞ거늘 我워纔채說숴
他타你니們믄寫셔的디喇려○너그제야저다리말ᄒᆞᄃᆡ너의가쓴

華音啓蒙諺解下 二十二

거시라 엿더니 ᄒᆞ 他타 一이 聽팅 這저 箇거 話화 ○ 이졔ᄒᆞᆫ번 말을 듯고 立리 刻커 就주 回휘 去취 咧려 ○ 立刻의곳도 라가더니 와 來리 說쉬 是스 ○ 또와 ᄒᆞ더 말 等등 着저 貴귀 國궈 人인 再재 來리 的디 時스 候후 見얼 ○ 貴國사름이다 시올쩌를기다 려 教쟈 我워 咳해 要약 買매 兩량 幅부 呢니 ○ 날로 ᄒᆞ여 곰또두幅을 사고져ᄒᆞ니 不부 定딩 有익 沒메 有익 那나 樣양 的디 麼마 ○ 아지못게라그런 시잇ᄂᆞ냐업ᄂᆞ냐 거 噯아 喲야 這저 却커 是스 了랴 不부 得더 咧려 ○ 아야이또 니되엿다 아 這저 箇거 對뒤 子즈 是스 也여 不부 現쎤 寫쉬 的디 ○ 이 눈또주 금쓴거시 아니라 是스 一이 箇거 古구 人인 的디 遺이 跡지

啊아○이ᄒᆞᆫ녯사ᄅᆞᆷ의遺跡이니可커惜시了랴可커惜시了랴

○可惜ᄒᆞ다可惜ᄒᆞ다像샹這져樣양好할東둥西시再재也

여得더不부了랴○이갓튼죠흔물건은다시ᄂᆞᆫ엇지못ᄒᆞ리라那나上

쌍頭투掛과的디自즈鳴밍鐘중是스○저우희걸닌自鳴鐘

은이那나國궈的디東둥西시○어늬나라물건이뇨這저是스

英잉國궈來릐的디○이英國셔온거시라好할奇치妙먀的

디很흔○가장奇妙ᄒᆞ도다鐘중裏리有익一이箇거雀챠

兒얼○鐘속의ᄒᆞᆫ새가잇서按안着져一이天텬的디時스辰

친叫쟌喚환○ᄂᆞᆯ로時辰을좃ᄎᆞ우되鐘중一이響썅他다也

여叫쟌一이聲싱兒얼○鐘이ᄒᆞᆫ소리ᄒᆞ면도호소릐로우니這저眞진

是스奇치怪괘的디頑완意이見얼○참이奇怪ᄒᆞᆫ노리로다

你니們믄那나邊변也여講쟝究쥐這저些셔箇거

古구董둥麽마○너의거긔도이런古董을講究ᄒᆞᄂᆞ냐怎조麽마不

부講쟝究쥐○엇지講究치아니ᄒᆞ리오都두是스甚시麽마○

다이무어시뇨玉위器치瑪마瑚후翡비翠취珊산瑚후水

쉬晶징墨머晶징連련各거樣양古구董둥都두有

우啊려○玉器와瑪瑚와翡翠와珊瑚와水晶과墨晶파다못各樣古董이다잇노라那

나卓조子즈上쌍放방的듸石시頭투是스甚시麽

마寶밮物우麽마○져卓子우희노흔돌은이무合寶物이뇨噯아喲야

這져箇거石시頭투的디原원根쓴○아야이돌그본은說

쉬起치來릭眞진是스稀시罕한的디啊려○말ᄒᆞ량이
면참이稀罕ᄒᆞ거시라怎즈麼마說숴呢니○엇진말이뇨一이箇
거石시頭투否부啊려○ᄒᆞᆫ낫돌인뒤咳해有우甚시麼
마用융處츄呢니○오히려무슴쓸곳이잇서教쟢人인摸모不
부着쟢頭투緖쉬啊려○사ᄅᆞᆷ으로ᄒᆞ여곰頭緖ᄅᆞᆯ찻지못ᄒᆞ게ᄒᆞᄂᆞ뇨你
니若얖不부信신就주○네만일밋지안커든看칸看칸那나
石시頭투上쌍有우多도少쌰孔쿵眼얀麼마○그돌
우희언마나구무가잇나보아라這져箇거石시頭투古구怪괘的
디狠흔○이돌이가장古怪ᄒᆞ도다我워的디記지性싱兒얼輕
칭易이數수不부過궈來릭○네정신으로는수이헤지못ᄒᆞᆯ것다我

華音啓蒙諺解下 二十四

위說숴與위你니罷바○너다려말ᄒᆞ리라我워前쳔年년
上쌍隆룽福부寺쓰燒쌒香썅回휘來릐的디時스
候흐兒얼○너前年의隆福寺의가燒香ᄒᆞ고도라올셰의一이到ᄃᆞᆫ前쳔
門믄大다街졔○ᄒᆞᆫ번前門大街의니르니圍위着져一이羣츈
的디人인○ᄒᆞᆫ무리사ᄅᆞᆷ이에워亂난嘈챂亂난嚷양○亂嘈亂嚷
ᄒᆞ놀거我워也여不부知지道닾甚시麽마緣연故구
○너ᄯᅩ무슴연고ᄅᆞᆯ아지못ᄒᆞ고把바那나些쎼箇거人인都두뫄
쟝開캐咧려○그사ᄅᆞᆷ을다가다불너햇치니가當당中중站잔着져
一이箇거大다漢한○當中의ᄒᆞᆫ큰사ᄅᆞᆷ이셧스되聽팅他타口
쿠音인是스好화像샹南난京징的디人인○너의口音

을드ᄅᆞ니가장 京사ᄅᆞᆷ갓ᄐᆞ딘 南頭투戴대一이頂딩絨융邊변緞
돤子즈帽만◯ 마리의ᄒᆞᆫ絨으로ᄉᆞ 민緞子帽ᄅᆞᆯ쓰고 身신穿촨一이
件쟌毛마藍란布부的디袍팦子즈◯ 몸의ᄒᆞᆫ벌모 시옷슬입고
腰얀繫지一이條탸貴귀州주紬ᄎᆡᆨ帶대子즈◯ 허 리
의ᄒᆞᆫ오리貴州 紬帶子ᄅᆞᆯᄯᅴ고 足쟌登등一이雙솽綉삭邊변布부
鞋쉐◯ 발의ᄒᆞᆫ상수노 ᄒᆞᆫ布鞋ᄅᆞᆯ신고 手ᄉᆘ拿나一이塊쾌石시頭
투◯ 손의ᄒᆞᆫ덩이 돌을가지고 自즈言얀自즈語위◯ 自言自 語ᄒᆞ되 像
샹這져樣양大다地디方방沒메有우一이箇거識
시貨호的디◯ 이런큰地方의ᄒᆞᆫ 물화아나니업시 낫眞진是스可커
惜시了랴◯ 참이可惜 ᄒᆞᆫ도다 我워聽팅見쟌他타說숴◯

니져의 을듯고 말마咱잔跟근班반的디帶대他타上샹我위
們믄府부裏리來릭○跟班的를불너져를 다리고우리府의와 問운這
져箇거石시頭투有우甚시麼마用웅處츄○이돌 이무
슴쓸곳이잇 ᄂᆞ냐무ᄅᆞ니 那나箇거客커人인對뒤我워說쉬是
스○그客人이나를 對ᄒᆞ여말ᄒᆞ되 這져箇거東둥西시還위不부
着잔識시貨호的디○이물건이아는사람 을맛나지못ᄒᆞ니 說쉬他
타無우益이啊아○져를말ᄒᆞ여 도無益ᄒᆞ다 那나麼마就주有
우何허造짠化화麼마○그러면무슴造 化가잇ᄂᆞ냐 你니給거
我워說쉬一이說쉬罷바○네날ᄃᆞ려 말ᄒᆞ여라 他타纔채開
캐口쿠說쉬道닾○제그제야입을 여러말ᄒᆞ되 這져石시頂딩

上쌍有우三싼十씨六루箇거大다孔쿵○이돌우희셜흔
여섯큰구무가잇고下쌰半반截져有우二얼十씨八바箇거
小썊眼얀○아리半截의스믈여덟조근구무가잇셔應잉天텬上쌍的
디星싱辰천○天上의星辰을應ᄒᆞ엿시미趕간到닾天텬陰인
下쌰雨위的디時스候후見얼○히놀이흐리고비나리는셔롤밋쳐
打다這져箇거孔쿵裏리冒잪出츄雲윤彩채○그구
무로좃차雲彩피여나고又우從충小썊眼얀裏리滴디下쌰雨
위來릐○또자근구무로좃차비가셔러져看간那나箇거雲윤朦
뭉朦뭉雨위滴디滴디的디㨾양見얼○그구름이朦朦ᄒᆞ고
비가滴滴ᄒᆞᆷ을보면教쟢人인歡환天텬喜시地디的디咧려

華音啓蒙諺解下　二十六

○사ᄅᆞᆷ으로ᄒᆞ여곰歡天喜地ᄒᆞ리라咳해有유一、이種중造쟢化화

更긍好화看칸○또ᄒᆞᆫ가지造化가잇시니더욱보기좃타拿나一이個

거銅퉁盆픈盛청一이盆픈水쉬○一箇銅솟을가저一盆물을ᄃᆞ

고把바石시頭투沉친得더那나盆픈裏리○돌을가저

그盆속의ᄌᆞᆷ으면立리刻커就주發바雲윤發바霧우的디

○立刻의뭇구름을픠고안ᄀᆡᄅᆞᆯ픠니好한像샹神신仙션洞둥裏리

一이般반樣양○가장神仙洞裏와ᄒᆞᆫᄀᆞ양갓더라、噯아喲야這저

塊쾌寶반石시○아야이뎡이寶石이眞진是스天텬下샤無

우雙솽的디倆려○참이天下의無雙이로다你니老랖知지道

닾這저箇거出츄處츄麽마○네이出處ᄅᆞᆯ아나냐我위也여

問운過궈那나客커人인○나도그客人의게무러보니他타說
숴是스原원來릐使쓰船촨的디水쉬手식○제말ᄒᆞ되
이原來비부리ᄂᆞᆫ사공으로家쟈住쥬在재黃황河허沿연的디
○집이黃河가의잇더니那나一이天텬在재河허沿연走주
來릐時스候후見얼○어너놀물가의셔오고갈셔打다水쉬面
면上쌍起치來릐一이道도霧우氣치○水面우ᄒᆞ로한줄안
개니러나거ᄂᆞᆯ他타尋신思스着져那나有우這져樣양怪
괘事스○제ᄉᆡᆼ각ᄒᆞ되어ᄃᆡ이런괴이ᄒᆞᆫ일이잇ᄉᆞ리오ᄒᆞ야一이頭투說쉬
一이頭투走주○ᄒᆞᆫ편으로말ᄒᆞ며ᄒᆞᆫ편으로다라나며到도那나裏리
左조看칸右우看칸也여○거러가左편으로보또右편으로보아도並

빙沒메有우別베的디東둥西시○아오로다른물건이업고只
즈有우一이塊쾌玲링瓏룽石시頭특喇려○다만호덩
이玲瓏혼돌이잇거놀他타也여不부知디道도甚시麼마東
둥西시○저도누슴물건인지아지못ᄒ고伸신手ᄉ撈랖出추來
래揣취在재懷홰裏리○손을펴서건져여품속의넛코니要얖往
왕家쟈裏리走주的디時ᄉ候후見얼○집으로가고져홀새
워打다西시邊변來릭一이位웨道도士스○西邊으로
좃太혼道士가오더身신穿쵄一이件잔黑희紗쌰道도袍팦
○몸의흔벌黑紗道袍를입고手ᄉ拿나一이根근拐괘棍군○
손의흔신눈딕를가지고막來릭到단跟근前쳔問운他타說숴

是스○욺혀와셔져ᄃᆞ려무러말ᄒᆞ기ᄅᆞᆯ你니那나箇거東둥西시
打다那나裏리得더來래的디麽마○네져물건이어듸셔어더
온거시뇨他타說숴是스在재這저河허裏리撈랖出츄
來래的디○졔말ᄒᆞ되이물속의셔건져왓노라那나箇거道닾士스
聽링這저話화就짇說숴他타○그道士가이말을듯고져ᄃᆞ려니ᄅᆞ
ᄃᆡ你니既지是스得더這저樣양的디寶밮貝븨呢니
니○네임의이런寶貝ᄅᆞᆯ어덧시면知지道닾有우甚시麽마用융
處츄麽마○무ᄉᆞᆷ쓸곳이잇ᄂᆞᆫ줄을아ᄂᆞ냐ᄒᆞ니他타答다應잉他타
說숴是스○졔져ᄃᆞ려ᄃᆡ답ᄒᆞ여말ᄒᆞ되我워知지不부道닾是
스甚시麽마東둥西시○니무ᄉᆞᆷ물건인지아지못ᄒᆞ니誰쉬知지

他타是스有우用융處츄沒메有우用융處츄○뉘저
거시이쓸곳이잇는지쓸곳이업는지아랏스리오罷바了랴罷바了랴○두어
라두어라你니、這져樣양俗쉬眼얀那나能능憧둥得더
了랴○네이런俗眼으로엇지능히알니오我워說숴給긔你니聽팅
罷바○너녀ᄃᆞ려말ᄒᆞ여들니마那나女뉘媧위娘냥娘냥鍊련
石시補부天텬時스候후見얻○그女媧娘娘이돌울가라ᄒᆞᄂᆞᆯ을기
울셔剩싱下쌰這져塊쾌石시頭투○어뎡이돌을남겨放방
在재靑칭埂경山싼上샹以이來리○靑埂山우희노아오므로
不부定딩有우多도少쌰的디輪룬迴휘○언마輪迴가잇
엇ᄂᆞᆫ지定치못ᄒᆞᆫ다一이五우一이十씨的디都두說숴他타

◯一五一十을다드려말ᄒ거놀저所소以이拿나這저石시頭투

到도京징裏리來릭◯이러ᄒ므로이돌을가지고서울노와서找잔行

항家쟈要얖賣매◯울건밧치롤太조팔고져ᄒ노라ᄒ니問운他타

要얖多도少쌰價쟈錢천◯저ᄃ려무ᄅ디언마갑슬달나ᄒᄂ뇨他

타要얖五우千천兩량銀인子즈◯저가五千兩銀ᄌ롤달나ᄒ기

로我워給거他타四쓰千쳔兩량現쎤銀인子즈買

매的디嘛러◯너四千兩노ᄒᆞᆫ銀을쥬고샷노라嗳아喲야你니老

랖是스高갚眼얀行항家쟈呢니◯아야너눈이눈놉흔물건밧치

로다像샹咱자們믄俗쉬眼얀那나能능明밍白배◯

우리갓ᄐ俗眼이야지能히明白ᄒ리오엇好화說쉬你니呢니別베誇

華音啓蒙諺解下　二十九

과 奬쟝 我워 罷바 ○ 죠흔말이야너ᄂᆞᆫ나로誇奬치말지어다 俗쉬 言얀
道단 人인 離리 鄕샹 賤쟌 物우 離리 鄕샹 貴귀 一이
點뎐 兒얼 不부 錯초 ○ 俗言의니ᄅᆞ기를사ᄅᆞᆷ이믄향을써나면賤ᄒᆞ고물건이
본향을써나면貴ᄒᆞ다ᄒᆞ미조곰도틀ᄃᆡ지아니ᄒᆞ다 若얖 是스 這저 塊쾌 石
시 頭투 不부 露루 面면 就주 ○ 만일이뭉치돌이낫출드려ᄂᆡ지아니ᄒᆞ
엿시면 誰쉬 知지 他타 是스 値지 錢천 的디 寶보 貝븨
○ 뉘져거시갑ᄊᆞᆫ寶貝인줄알니오 門믄 房방 的디 進진 來리 回휘
話화 ○ 門房的가와말을ᄉᆞᆲ외ᄃᆡ 有우 箇거 古구 董둥 行항 裹리
張쟝 老랖 四쓰 要야 見쟌 大다 人인 ○ 한古董行裏의張老四가
잇셔大人을보고져ᄒᆞ더라 叫쟈 他타 進진 來리 罷바 ○ 져를불너드러

오라張장老랖四쓰你니可커好한麼마○네張哥안ᄒᆞ
냐這져幾지年년怎즈麼마見쟌不부着잪呢니○
이몃ᄒᆡ의엇지보지못ᄒᆞ엿ᄂᆞ뇨 噯아喲야我워走주一이塘탕海
해外왜的디緣연故구○아야ᄂᆡᄒᆞᆫ힝보海외단닌緣故로 這져些
셰年년來래沒메有우陪페着져大다人인咧려○
이몃ᄒᆡ오므로大人을모시지못ᄒᆞ엿노라 你니去취甚시麼마地디方
방來래着져○네무슴地方의갓더뇨 走주的디地디方방忒
트多도記지不부淸칭楚추○단닌地方이심히만하긔록ᄒᆞ기를분명
히못ᄒᆞ노라 你니說쉬一이箇거來래罷바○네ᄒᆞ나흘말ᄒᆞ라
我워要얖聽틩着져○네듣고ᄌᆞᄒᆞ노라 提티起치這지箇

華音啓蒙諺解下 三十一

거話화來릭○이말을ᄒᆞᆫ량이면教쟈人인好화害해怕파
○사ᄅᆞᆷ으로ᄒᆞ여곰가장져프다我위打다天텬津진衛위跟근着
쳐火호輪룬船촨○너天津衛로브터火輪船을ᄐᆞ라到닾瀏려上
쌍海해住쥬幾지天텬○上海의니ᄅᆞ러몃날을머믈고又우上쌍
福부建쟌到닾船촨行항家쟈裏리○또福建의가船行家의니
ᄅᆞ러打다聽팅跑포海해大다船촨就주○바다의단니ᄂᆞᆫ큰븨
ᄅᆞᆯ듯보니有약一이箇거使쓰船촨的듸說쉬是스○한비
부리ᄂᆞᆫ이잇다말ᄒᆞᆫ듸客커人인要야上쌍那나裏리去취○
나그네ᄂᆞᆫ어ᄃᆡ로가려ᄒᆞᄂᆞ뇨我위要야上쌍廣광東둥的듸○나廣
東으로가려ᄒᆞ노라有약何허貴귀幹간○무숨貴ᄒᆞᆫ일이잇ᄂᆞ뇨我위

要얀販판珠쥬寶뱌去취○너珠寶를흥졍ᄒᆞ라가고져ᄒᆞ노라他타

說숴沒메有우廣광東둥去취的디○제말ᄒᆞ되廣東으로가ᄂ

니고只즈有우一이箇거天텬字즈號한大다船찬

○한天字號船이잇셔大明밍見얼箇기要얀去취海해外왜

呢니○너일海外로가고져ᄒᆞ다我워尋신思스着져○니ᄉᆡᆼ각ᄒᆞᄃᆡ

那나海해外왜地디方방是스○저海外地方은金진銀인

珠쥬寶뱌出츄的디也여多도○金銀珠寶가나기도만히ᄒᆞ고價

쟈錢쳔也여比비中중國궈橫훙豎슈便편易이些

쉬○갑도中國의比ᄒᆞ면그리ᄒᆞ여도便易ᄒᆞ리니我워走주一이趟탕看

칸看칸怎즈麼마樣양罷바○너ᄒᆞᆫ힝보가엇더ᄒᆞ가보쟈定딩

了랴主쥬意이以이後후○主意로定ᄒᆞᆫ後의問운他타多
도少샾船촨價쟈○져드려엇마船價를무르니他타要얀每믜
一이箇거人인三싼十씌塊쾌洋양錢쳔○져每한사ᄅᆞᆷ의
셜흔쾌洋錢을달나ᄒᆞ되若약帶대貨호物우就주○만일貨物을가젓시
면按안着져一이百배斤진卯루十씌塊쾌錢쳔就
쥐是스咧려○一百斤마다열쾌돈을혬ᄒᆞᄂᆞᆫ거시뭇올타那나麼마就
쥬我워也여跟근着져走주罷바○그러면나도ᄯᅡ라가쟈你
니呢니去츄過궈一이遭잘咧려沒메有우啊아○
네한번갓더냐아니ᄒᆞ엿ᄂᆞᆫ냐我워是스北베方방的디人인○나ᄂᆞᆫ
이北方사ᄅᆞᆷ이라那나能능到도過궈海해外왜麼마○엇지

는디海물갓시라 噯아 喲야 伱니 却거 去취 不부 了、랴
니는또가지못한깃다 這저 怎즈 麼마 說쉬 呢니 ○ 이엇진말이뇨
련 下쌰 老랖 駒쥐 一이 般반 黑희 ○ 天下의가마괴一般으로거무
니 那나 咳해 有우 去취 不부 了랖 的디 地디 方방 麼
마 ○ 엇지가지못홀地方이잇시리오 不부 是스 那나 麼마 說쉬 法
빠 ○ 그럿게말홀法이업니라 咱자 們믄 船촨 上샹 的디 人인 ○
우리비사룸이 都두 是스 跑팦 慣관 大、다 海해 的디 ○ 다이大海
의단니기익ᄒᆞ 咳해 有우 那나 些셔 客커 人인 們믄 ○ 또저客人
들이잇셔도 也여 是스 本본 鄕썅 本븐 處츄 的디 ○ 또ᄒᆞᆫ이本
鄕本處싸름이라 伱니 呢니 是스 一이 來리 北버 方방 的디

人인○너는이첫지北 方사람이오 二얼來리不부服부水쉬土투○둘지는不服水 土ㅎ엿시니萬완一이有우一이點뎐不부對뒤勁징○萬一조곰틀님 이잇실지라도你니不부抱보怨원我워麽마○네나룰抱怨치 아니ᄒ깃ᄂ나那나裏리的디話화○어 인말이 뇨我워也여跟근過궈好화幾지會휘船촨否부咧려○나도가장여러번 비룰ᄯᅩ탓기로懂둥得더那나些세個거利리害해○그러혼利 害을아니只즈管관走주就직是스咧려○다만가는 거시올타噯아喲야你니是스箇거老랖江장湖후咧려○아야너는이江 湖의늙엇도다咱자們믄有우眼얀無우珠쥬的디○우리눈이잇서도 망우리업소中看간不부出추同

퉁行항的디朋평友우來리着져○갓토푸리의벗을보와니지못

ᄒᆞ엿다怨셔罪쥐怨셔罪쥐罷바○怨罪怨罪ᄒᆞ라開개船촨

走주就직是스咧려○비롤씌며가미올다走주有우兩량天

텬工궁夫부天텬氣치就직變변過궈來리咧려○

가기롤이틀만의天氣가變ᄒᆞ더니一이頭투刮과風붕一이頭투下

쌰雨위○한편으론바람이불고한편으론비가오ᄂᆞᆫ디越워刮과越워利

리害해○더욱불ᄉᆞ록더욱급ᄒᆞ여那나一이陣진狂광風붕惡

어雨위○그一陣狂風과사오나온비의把바這저隻지船촨見얼

不부定딩刮과到도甚시麽마地디方방去취咧려

○이ᄇᆡ롤다가어ᄂᆡ地方의부려갈지아지못ᄒᆞ깃시니這저咳해了랴得더

○이러면견ᄃᆡ깃ᄂᆞ냐滿만船촨的디人인快쾌要야見잔龍

룽王왕爺여的디時스候후見얼○비의가득ᄒᆞᆫ사ᄅᆞᆷ이밧비龍王

爺의게보이고저ᄒᆞ여誰쉬想샹老랖天텬爺여可커憐련幾

지條턒人인命밍兒얼○뉘하ᄂᆞᆯ이몃人命을불샹히너길줄을ᄉᆡᆼ각ᄒᆞ엿시

리오風훙站잔雨위住쥬船촨就직站잔住쥬了랖○

바람이자고비머즉ᄒᆞ여ᄇᆡ가곳어무럿시니嗳아喲야險션些셔惱낲出

츄大다難난子즈咧려○아야하맛트면큰일이날번ᄒᆞ엿다歸귀起

치到닾甚시麼마地디方방來릐着져○필경무삼地方의갓

더뇨咱자們믄到닾的디地디方방忒틔多도咧려○

우리갓던地方이심히만ᄒᆞ니那나越워南난交쟢趾지大다小쌴

琉류球쳐連련那나外왜洋양地디方방都두走주
遛러來리咧려○그[illegible][illegible]파[illegible][illegible]와[illegible][illegible][illegible]와 다 못져外洋地方을다단녀노라
㑋니怪괘不부得더眼얀空쿵四쓰海해咧려○네가
고이치아니ᄒᆞ다 眼空四海ᄒᆞ엿다 都두換환些셔箇거甚시麼마寶
보貝븨來리○다무삼寶貝를 밧구여왓ᄂᆞ뇨 不부遛러是ᄉᆞ犀시
角쟈明밍珠쥬翡비翠취珊산瑚후○不遛이[illegible] 파[illegible][illegible]와[illegible]
翠와 瑚오 珊咳해有우一이箇거大다珠쥬子조七치十
씨多도箇거小쌰珠쥬子조○또ᄒᆞᆫ낫큰구슬과일 흔나문저근구슬이
잇시 니 這져是스從충西시洋양買매來리的디○이 ᄂᆞᆫ
西洋으로조ᄎᆞ ᄉᆞ온거시니 我워也여頭투一이會휘見잔遛러

這저樣양的디咧려○나도처음으로이런거슬보왓노라怎즈麼마

樣양的디呢니○엇디ᄒᆞᆫ거시뇨先션把바大다球쥬子즈

擱거在재盤판子즈裏리後후拿나小쌰球쥬子즈

撒싸在재一이塊쾌兒얼○몬져큰구슬을다가의두고[illegible]의저근구슬

을ᄒᆞᆫ디혯치면大다的디合허小쌰的디湊군得더一이[illegible]

쾌兒얼粘잔起치來리咧려○큰것과져근거시구을너ᄒᆞᆫ듸붓터시像

상鷄지鳴단一이般반大다的디○鷄鳴갓치커一[illegible]明밍

亮량亮량的디光광兒얼○붉아[illegible]ᄒᆞᆫ빗치能능照쟌一

이屋우子즈的디人인比비燈등火호兒얼咳해亮

량啊아○能히ᄒᆞᆫ집안사ᄅᆞᆷ을비최되[illegible]火의[illegible]ᄒᆞ여도오히려붉다這저樣양

好한貨호怎즈麼마到닾得더你니手식裏리○이런
조흔물화가엇지네손의니르럿ᄂᆞ뇨 我워在재西시洋양交쟌一이
箇거買매賣매家쟈○내西洋셔흔買賣ᄒᆞᄂᆞᆫ이롤사괴엿시니 那나國
궈裏리也여屬수他타頭투一이箇거字즈號한啊
러○그나라의셔도져롤첫재字號로치ᄂᆞ니 我워打다那나裏리買매
來래的디○내거긔서사왓노라 拿나甚시麼마東둥西시換
환來래的디○무合물건을가져밧고왓ᄂᆞ뇨 若야說쉬價쟈錢쳔
恐쿵怕파沒메有위人인敢간要얀啊러○만일갑슬말ᄒᆞ
면져푼건되사ᄅᆞᆷ이敢히사리업술가ᄒᆞ노라 好한說쉬一이箇거孫쥬子
즈否부啊러○조흔말이여ᄒᆞᆫ낫구술의 誰쉬說쉬沒메有위準

쥰價쟈錢쳔○쉬쥰젹ᄒᆞᆫ갑시업다더노這저箇거珠쥬子즈同
퉁不부得더別베的디貨호呢니○이구슬은다른물화갓지아니
ᄒᆞ니若약是스遇위着저買매主쥬十씨萬완八바萬
완也여是스他타啊러○만일ᄉᆞᆯ사ᄅᆞᆷ을맛나면萬人萬이라도졔게잇다
有의人인要요過궈啊러沒메有의○사ᄅᆞᆷ이사고져ᄒᆞ나니잇
ᄂᆞ냐ᄂᆞ나업昨조兒얼箇거有의一이箇거相샹好화的
디來리說숴是스○어제ᄒᆞᆫ빗이셔와말ᄒᆞ더잇你니那나箇거
珠쥬子즈別베人인都두要요不부起치的디○그네
구슬을다른사ᄅᆞᆷ은다사지못ᄒᆞᆯ러이오只즈有의一이位위親친王왕
爺여要요買매呢니○다만ᄒᆞᆫ親王[illegible]가잇셔사려ᄒᆞᄂᆞ니這저位

위王왕府부是스住쥬在재皇황城쳥裏리頭투○이位王의府가皇城안의잇셔이開쎤人인們믄進진不부去츄咧려○예사사ᄅᆞᆷ들은드러가지못ᄒᆞᆫ다聽팅着져說쉬尊쥰府부老랖大다人인是스○말을드르니尊府老大人은王왕爺여的디師ᄉᆞ傅부呢니○王爺의스승이라ᄒᆞ니這져箇거珠쥬子ᄌᆞ買매不부賣매都두在재大다人인作조成쳥○이구술팔기못팔기는다大人이作成ᄒᆞ기의잇시니所소以이特터來리請칭安안○이러므로특별이와請安ᄒᆞ여敎쟈大다人인賫븨心신○大人으로ᄒᆞ여곰수고롭게ᄒᆞᆫ다好한說쉬這져件쟌事스見얼我위怎즈麽마辦반得더起치呢니○죠흔말이여이일을닛지辦

ᄒᆞ리오 不부過궈是스給긔你니說숴就작是스咧려
○不過이너ᄅᆞᆯ위ᄒᆞ여말ᄒᆞᄂᆞᆫ거시ᄯᅳᆺ올다 俗쉬言얀道도謀모事스在
재人인成청事스在재天텬○俗言의니ᄅᆞ되謀事ᄂᆞᆫ在人ᄒᆞ고成事ᄂᆞᆫ
在天이라ᄒᆞ니 只즈在재你니的디財채運윤好하罷바咧
려○다만네財運죠흔ᄃᆡ잇다 嗳아喲야大다人인這져樣양疼
틍愛애我워的디生승受쉬不부當당咧려○아야大人
이이리나ᄅᆞᆯ심히사랑ᄒᆞ니바다당치못ᄒᆞ노라 我워今진天텬陪픠着져
貴귀客커沒메有우空쿵見연現션去취○ᄂᆡ오날貴客을
뫼셔시방갈결을이업ᄉᆞ니 後후日이再재來릐聽팅信신罷바
○後日의다시와긔별을드르라 張쟝老랖四ᄊᆞ你니來릐咧려麼

마 ○ 張老四아 네왓ᄂᆞ나 你니 這저 箇거 珠쥬 子즈 賣매 不부 到닾 好핲 價쟈 錢쳔 ○ 네 이 구슬이 죠흔 갑세ᄂᆞᆫ 파지 못ᄒᆞ깃다 怎즈 麼마 說숴 呢니 ○ 엇젼 말이뇨 我워 昨조 兒얼 箇거 到닾 王왕 府부 裏리 去취 ○ 내 어졔 王府의 가 把바 這저 箇거 珠쥬 子즈 給긔 他타 瞧챠 一이 會휘 啊려 ○ 이구슬을다 가져룰쥬어 ᄒᆞᆫ번 보이니 那나 王왕 爺여 拿나 在재 手식 裏리 看칸 啊려 半반 天텬 ○ 그 王爺가 손의 가져 半日룰 보더니 叫쟢 人인 打다 開캐 自즈 已지 的디 錦진 匣샤 子즈 ○ 사ᄅᆞᆷ을 불너 自己 錦匣子룰 열고 拿나 出츄 一이 顆커 明밍 珠쥬 比비 一이 比비 纔채 說숴 我워 ○ ᄒᆞᆫ 기 明珠룰 내여 비기더니 그제야 날ᄃᆞ려 말ᄒᆞ되 你니 這저

箇거貨호好한倒됴好한○네이물화가죠키논죠흐되不부是
스全촨套토的디小쌰一이箇거數수兒얼○온전호벌
이아니오흔슈가적으니낫恐쿵怕파買매不부上쌍大다價자
錢쳔○져프건디큰갑슨밧치못흐리라我워問운他타有우甚시
麼마試스認인○니저다려무트되누슴시험흐여알미잇느뇨他타說쉬
這져是스瞞만不부得더我워的디○제말흐되이눈나룰소기
지못흐리라這져먀쟌子즈母무珠쥬原원來리海해貝
리出츄的디○이거시子母珠라부르느니근본바다의셔나는거시라一이顆
커大다的디七치十씨二얼顆커小쌰的디○한낫큰거
시오일흔두낫져근거시這저纔채是스句구全촨套토○이거시겨

오왼벌 되ᄂᆞ니 이 徐니 這저 箇거 珠쥬 子즈 少쌰 咧려 一이
塊괘 ○ 네이구술이 ᄒᆞᆫ낫시젹에 咳해 不부 跟근 我위 這저 箇거
好화 ○ 오히려ᄂᆡ것죠ᄒᆞ 믈ᄯᅡ르지못ᄒᆞ리라 我위 終중 是스 不부 信
신 他타 咧려 ○ 너맛춤너져믈맛 지안니ᄒᆞ엿더니 那나 王왕 爺여 拿
나 兩량 箇거 金진 盤판 子즈 ○ 그王爺가두기金 盤을가져다가
바 這저 兩량 樣양 珠쥬 子즈 擱거 得더 盤판 子즈
리 ○ 이두가지구술을다 가쇼반의노ᄒᆞ니 果고 然연 是스 都두 湊
在재 一이 塊괘 來릐 ○ 果然다구을너 ᄒᆞᆫ뎡이노여 成쳥 箇거 鷄
지 鴠단 樣양 的디 ○ 鵝鴠모양이 되엿시되 徐니 那나 珠쥬 子
즈 剛쌍 照쟌 八바 尺치 來릐 高잔 ○ 네져구술은거 오八尺남직으

華音啓蒙諺解 三十八

놈히빗최고 他타那나個거能능照잔一이丈장多도高
갼 ○ 져의그거슨能히一丈너머놉히빗최이니 這져不부是스一이分
본錢쳔一이分본貨호麼마 ○ 이一分돈의一分물화가아니냐 噯
아喲야這져王왕爺여寔시在재的디高갼眼얀 ○
아야이王爺가실로놉흔눈이니 教쟌人인好한賓빈服부 ○ 사람으로
흐여곰가장항복흐것도다 我워在재西시洋양買매來릐的디
時스候후兒얼 ○ 내西洋서사올셕 聽팅過궈他타們믄說
숴話화 ○ 져의말을드르니 這져箇거珠쥬子즈本본來릐
少쌒一이箇거 ○ 이구슬이本來흔기젹어 所소以이不부算쏸
全쳔乎후的디 ○ 이러므로온젼흔벌노치지아니흐엿더니 誰쉬想샹

咱자們믄中즁國궈也여有우這저樣양高간眼얀

麼마◯뉘우리中國의도이런놈혼눈니잇실줄을알니오罷바了랴罷바了

랴◯두어라두어라憑핑他타說쉬多도少쌰價쟈呢니◯

져뎌로언마갑슬말ᄒᆞ거든隨쉬便편賣매給긔他타就직是스

喇려◯쇼견뎌로져의게파ᄂᆞᆫ거시곳올타我워也여問운過궈他타

給긔多도少쌰價쟈呢니◯나도져ᄃᆞ려언마갑슬쥬쟈라무르니那나

王왕爺여說쉐是스我워那나箇거孫쥰子즈不부

是스買매的디◯그王爺가말ᄒᆞ되그구슬은산거시아니라那나年녠

中즁國궈欽친差채上썅外와國궈回회來리的디

時스候후兒얼◯그히中國欽差로外國을단녀올셔那나國궈王왕

子즈給긔我워送숭禮리來래的디○그나라三ᄀ가닉게례믈을보신거시니遠련我워也여不부曉썃得더値지多도少쌰啊러○나도언마가쌴지아지못ᄒᆞ노라別베管관他타三쌴七치二얼十씨一이○저의三七二十一을아란체말고給긔他타五우千천兩량現쎤銀인子즈○저를五千兩현銀을주어노看칸他타願원意이不부願원意이罷바○저의ᄒᆞ나치아니ᄒᆞ나보라ᄒᆞ더라我워所소以이爲위儞니辦반這저個거事스情칭○너를爲ᄒᆞ여이事情을쥬션ᄒᆞ엿시모로不부得더不부給긔儞니辦반○ᄀ倖下너롤쥬션ᄒᆞ여쥬노리謝쎄謝쎄大다人인○大人의게사례ᄒᆞ노라儞니別베說쉬謝쎄我워到도底디

是스賣매不부賣매罷바○네게사례ᄒ다니지말고필경파ᄂ냐
니파ᄂ나我워怎즈麼마不부賣매○아니ᄒ리오ᄂ엇지팔지再재
敎쟈他타添텬多도少쌰銀인子즈是스咧려○다시
這저도ᄒ어금언마銀을더ᄒ미올랴倷니這저箇거好화糊후塗두
화○네이가장糊塗ᄒ말이여買매賣매規귀矩쥐兩량願원意
이纔재成청得더了랴○買賣법이두리ᄒ여야맛치되ᄂ니這저
位위王왕爺여的디皮피氣치誰쉬咳해不부知지
道도麼마○이位王爺의셩품을뉘오히려아지못ᄒ리오別베管관買매
甚지麼마東둥西시添텬到돠價쟈錢쳔就주○무삼
물건을사든지갑슬갈만콤놉히파는再재也여添텬不부上쌍半반

文운錢쳔的디皮피氣치○다시ᄂᆞᆫ辛ᄒᆞᆺ도더ᄒᆞ지아니ᄒᆞᄂᆞᆫ셩품이라

若약是스左조三싼布우四쓰不부對뒤皮피氣치

○만일ᄒᆞᆫ三有西ᄒᆞ여셩품의맛지아니ᄒᆞ면肚두氣치偏편不부買매他

다的디○셩ᄂᆡ여편벽히제거솔소지아니ᄒᆞᄂᆞ니你니也여樂러意이

要약買매就주○네또질거팔녀ᄒᆞ면我워好한回휘覆부他

타去취○ᄂᆡ져거回覆ᄒᆞ라가미좃타這저咳해們운我워麽마

○이오하려ᄂᆡ게못ᄂᆞᆫ나憑핑大다人인怎즈麽마辦반怎즈

麽마好할啊러○大人이엇덧케쥬션ᄒᆞ여엇덧게죠흘ᄃᆡ로ᄒᆞ라那나麽

마就주寫셔箇거合허通퉁畫화箇거押야罷바○

그리면표를쓰고슈결두어라

千쳔字즈文운

天텬地디玄쒠黃황宇위宙주洪훙荒황日이月웨盈잉昃재

辰친宿수列리張쟝寒한來레暑슈往왕秋추收식冬둥藏창

閏인餘위成쳥歲쉬律뤼呂뉘調댠陽양雲윤騰릉致지雨위

露루結제爲위霜쐉金진生승麗리水쉬玉위出츄崑쿤岡강

劒잔號한巨쥐闕커珠쥬稱칭夜여光광果거珍쳔李리柰니

菜채重쭝芥제薑쟝海히鹹쎤河허淡단鱗린潛잔羽위翔샹

龍룽師쓰火호帝디鳥랴官관人인皇황始시制지文운字즈

乃나服부衣이裳샹推퉈位위讓양國궈有아虞위陶탸唐탕

弔댜民민伐바罪쥐周직發바殷인湯탕坐조朝챺問운道댜

千字文

垂취拱궁平핑章쟝 愛이育유黎리首싀 臣친伏부戎융羌강
遐샤邇이壹이體티 率쇄賓빈歸귀王왕 鳴밍鳳붕在재樹슈
白비駒쥐食시場창 化화被베草챂木무 賴리及지萬완方방
蓋기此츠身신髮퐈 四쓰大다五우常창 恭궁惟웨鞠귀養양
豈치敢간毁훼傷쌍 女뉘慕무貞징烈례 男난效샾才최良량
知지過궈必비改기 得더能능莫모忘왕 罔왕談탄彼비短돤
靡메恃시己지長창 信신使쓰可커覆푸 器치欲위難란量량
墨머悲븨絲쓰染연 詩스讚찬羔잪羊양 景징行싱維위賢션
剋커念녠作조聖셩 德더建잔名밍立리 形싱端돤表뱦正졍
空쿵谷구傳쵼聲싱 虛쉬堂탕習시聽팅 禍호因인惡어積지

福부緣원善샨慶칭．尺치璧비非뵈寶반．寸춘陰인是스競징
資즈父부事쓰君쥰．曰웨嚴얀與위敬징．孝샤當당竭거力리
忠중則저盡진命밍．臨린深신履리薄반．夙쉬興싱溫운淸칭
似쓰蘭란斯스馨힝．如유松숭之즈盛싱．川촨流류不부息시
淵원澄등取츄暎잉．容융止즈若약思쓰．言얀辭츠安안定딩
篤두初추誠청美메．愼신終중宜이令링．榮융業예所소基지
籍지甚시無무竟징．學샤優우登등仕쓰．攝레職지從충政정
存춘以이甘간棠탕．去취而얼益이詠융．樂요殊슈貴귀賤잔
禮리別베尊준卑비．上샹和허下샤睦무．夫부唱창婦부隨쉬
外왜受식傅부訓쉰．入쉬奉봉母무儀이．諸쥐姑구伯버叔수

猶유子즈比비兒얼 孔쿵懷홰兄슝弟디 同퉁氣치連련枝지
交쟢友우投투分분 切체磨모箴잔規귀 仁인慈츠隱인惻처
造잔次츠弗부離리 節져義이廉련退퉤 顚뎐沛픠匪븨虧퀴
性싱靜징情칭逸이 心신動둥神씬疲픠 守식眞진志즈滿만
逐쥐物우意이移이 堅쟌持지雅이操찬 好한爵쟢自즈縻미
都두邑이華화夏샤 東둥西시二얼京징 背베邙망面면洛로
浮부渭위據쥐涇징 宮궁殿뎬盤반鬱위 樓루觀관飛븨驚징
圖투寫셔禽친獸식 畫화綵치仙션靈링 丙빙舍셔傍방啓지
甲갸帳쟝對뒤楹잉 肆쓰筵연設셔席시 鼓구瑟스吹취笙승
陞승階졔納나陛비 弁변轉좐疑이星싱 右우通퉁廣광內네

左조達다承쳥明밍。既지集지墳븐典뎐。亦유聚쥐羣츈英잉

杜두稾구鍾중隸리。漆치書슈壁비經징。府부羅로將쟝相샹

路루俠쟈槐홰卿칭。戶후封븡八바縣쎤。家쟈給지千쳔兵빙

高간冠관陪뵈輦년。驅취轂구振친纓잉。世씌祿루侈치富부

車처駕쟈肥뵈輕칭。策처功궁茂맏實시。勒레碑베刻커銘밍

磻반溪치伊이尹인。佐조時스阿아衡흥。奄안宅지曲취阜부

微위旦찬孰슈營잉。桓환公궁匡쾅合허。濟지弱워扶부傾칭

綺치回휘漢한惠휘。說워感간武우丁딩。俊쥰乂이密미勿우

多도士쓰寔시寧닝。晉진楚추更깅霸바。趙쟈魏위困쿤橫훙

假쟈途두滅메虢궈。踐쟌土투會휘盟멍。何허遵쥰約워法바

韓한弊비煩반刑싱起치翦잔頗포牧무用융軍쥰最쥐精징
宣션威위沙싸漠머馳지譽위丹단靑칭九직州주禹위跡지
百비郡쥰秦친幷빙嶽얖宗중恒흥岱디禪싼主쥬云윤亭딩
鴈얀門믄紫즈塞새鷄지田뎐赤츼城청昆균池치碣거石시
鉅쥐野여洞둥庭링曠쾅遠원綿면邈먚巖얀岫식杳먚冥밍
治지本뷴於유農룽務우玆즈稼자穡새俶수載지南난畝무
我워藝이黍수稷지稅쉬熟수貢궁新신勸쳔賞샹黜추陟지
孟멍軻거敦둔素수史쓰魚위秉빙直지庶수幾지中중庸융
勞랖謙쳔謹진勅치聆링音인察차理리鑑잔貌먚辨변色서
貽이厥쥐嘉자猷우勉면其치祗지植지省승躬궁譏지誡졔

寵충增증抗항極지。殆대辱위近진恥치。林린皐잔幸싱卽지
兩량疏수見잔機지。解계組쥬誰쉬逼비。索소居쥐閒션處츄
沉치默머寂지寥럎。求칙古구尋신論룬。散싼慮뤼逍썊遙얖
欣힌奏주累루遣쳔。慼치謝세歡환招쟢。渠쥐何허的디歷리
園원莽멍抽칙條턒。枇피杷파晩완翠취。梧우桐퉁早잪凋댠
陳츤根쓴委위翳이。落로葉예飄퍞颻얖。遊우鵾쿤獨두運윤
凌링摩모絳쟝霄샾。耽단讀두翫완市시。寓위目무囊낭箱썅
易이輶우攸유畏위。屬수耳얼垣원墻챵。具쥐膳싼飡쓴飯반
適디口쿠充츙腸챵。飽반飫어烹방宰저。飢지厭얀糟잔糠캉
親친戚치故구舊쥐。老랖少샾異이糧량。妾쳐御위紡방績지

侍시巾진帷유房방・紈완扇싼圓원潔계・銀인燭주煒휘煌황
晝주眠면夕시寐메・籃난筍쥰象썅床촹・絃션歌거酒직讌연
接계盃베擧쥐觴샹・矯찬手식頓둔足주・悅웨豫위且제康캉
嫡디後후嗣츠續수・祭지祀쓰蒸증嘗창・稽지顙상再저拜배
悚숭懼쥐恐ᄏ惶황・牋젼牒뎨簡쟌要얀・顧구答다審신詳썅
骸히垢후想썅浴위・執지熱여願원涼량・驢뤼騾로犢두特더
駭히躍얀超챺驤양・誅쥬斬잔賊제盜닾・捕푸獲후叛반亡왕
布부射셔遼랸丸완・嵇히琴친阮원嘯샾・恬뎐筆비倫룬紙즈
鈞쥰巧챺任인釣댶・釋시紛분利니俗쉬・並빙皆제佳쟈妙먚
毛마施스淑슈姿즈・工궁顰빈姸연笑샾・年년矢씨每믜催취

曦시暉휘朗랑耀얖● 璇션璣지懸현斡간● 晦회魄베環환照쟢
指지薪신修식祜우● 永융綏쉬吉지劭샾● 矩쥐步부引인領링
俯부仰양廊랑廟먚● 束수帶디矜싱莊좡● 徘비徊회瞻쟌眺쟢
孤구陋루寡과聞운● 愚위蒙멍等등誚챺● 謂위語위助주者저
焉얀哉지乎후也여●

百비家쟈姓싱

趙잪錢쳰孫쑨李리● 周직吳우鄭쩡王왕● 馮벙陳쳔褚츄衛위
蔣쟝沈신韓한楊양● 朱쥬秦친尤위許쉬● 何허呂뤼施스張쟝
孔쿵曹챂嚴얀華화● 金진魏위陶닾姜쟝● 戚차謝셔鄒주喩위
柏버水쉬竇두章장● 雲윤蘇수潘반葛거● 奚시范반彭벙郎랑

百家姓　五

魯누韋위昌창馬마 苗먀鳳봉花화方방 俞유任인袁원柳류
酆풍鮑봐史스唐탕 費픠廉련岑친薛쉐 雷레賀허倪미湯탕
滕등殷인羅로畢비 郝허鄔우安안常챵 樂요于위時스傅부
皮피卞변齊치康캉 伍우余위元원卜부 顧구孟멍平핑黃황
和허穆무蕭샾尹인 姚얖邵샾湛잔汪왕 祁치毛맢禹위狄디
米미貝버明밍臧장 計지伏푸成칭戴대 談탄宋쑹茅맢龐방
熊쓩紀지舒슈屈취 項샹祝쥬董둥梁량 杜두阮원藍란閔민
席시季지麻마強챵 賈갸路루婁루危위 江쟝童둥顏얀郭궈
梅메盛싱林린刁댶 鍾중徐쉬邱츄駱로 高갚夏쌰蔡채田텬
樊반胡후凌링霍호 虞유萬완支지柯거 昝잔管관盧루莫모

經징房방萃취繆무干깐解걔應잉宗중丁딩宣쉔賁븐鄧등
郁위單싼杭항洪홍包밮諸쥐左조石시崔취吉지鈕부龔궁
程청嵇지邢싱滑화裴븨陸루榮웅翁웅荀쑨羊양於유惠휘
甄진麴취家쟈封벙芮뉘羿이儲쥬靳진汲지邴빙糜미松쑹
井징段돤富부巫우烏우焦쟢巴바弓궁牧무隗귀山싼谷구
車처侯후宓미蓬펑全쵠郗시班반仰양秋추仲중伊이宮궁
甯링仇추欒롼暴봐甘깐斜셰厲리戎융祖주武우符부劉릭
景징詹잔束수龍룽葉여幸싱司쓰韶샾郜잔黎리蘇수薄버
印인宿슈白비懷홰蒲푸邰틔從츙鄂어索소咸쎤籍지賴리
卓조藺린屠투蒙멍池치喬챺陰인鬱위胥슈能능蒼창雙쐉

聞운莘신党당翟지譚탄貢궁勞랖逄방姬지申신扶부堵두

冉연宰재酈리雍웅郤취璩쥐桑상桂귀濮푸牛누壽쒸通퉁

邊변扈후燕연冀지郟쟈浦푸尚샹農룽溫운別볘莊좡晏얀

柴채瞿쥐閻연充충慕무連련茹쉬習시宦환艾이魚위容융

向샹古구易이愼신戈거廖럎庾유終즁暨지居쥐衡흥步부

都두耿궁滿만弘훙匡쾅國궈文운寇쿠廣광祿루闞칸東둥

歐우殳수沃우利리蔚위越웨夔퀴隆룽師스鞏궁庫쿠聶녜

晁잔句구敖얖融룽冷릉訾츠辛신闞칸那나簡잔饒얖空쿵

會증毋관沙와乜례養양[illegible]須슈豐붕巢챺關관蒯괘相샹

查차後후荊징紅훙游유竺[illegible]權逯루蓋기益이桓환公궁

万와俟쓰司스馬마上샹官관歐우陽양夏햐侯후諸주葛거
聞운人인東둥方방赫허連련皇황甫푸尉위遲치公궁羊양
澹탄臺틔公궁冶야宗종政정濮푸陽양淳춘于위單쌴于위
太틔叔슈申션屠투公궁孫쑨仲중孫쑨軒쉰轅원令링狐후
鍾중離리宇위文운長쟝孫쑨慕무容융司쓰徒투司쓰空쿵
百비家쟈姓싱終중原원隋쉬蘭난曲취考캎叢충戰잔初추
南난海히脩수尼니鐔탄衣이由유牟무
天텬干간地디支즈
甲갸乙이丙빙丁딩戊우己지庚긍辛신壬진癸귀
子즈丑칙寅인卯뫄辰친巳쓰午우未위申신酉유戌쉬亥히

天干地支二十八宿　七

二얼十씨八바宿수

角쟈亢훙氐디房방心씬尾위箕지斗듀牛뉴女뉘虛쉬危웨

室시壁비奎귀婁루胃위昴먀畢비觜즈參싼井징鬼귀柳릭

星싱張쟝翼이軫진

算쏸數수

一이二얼三싼四쓰五우六릭七치八바九쟈十씌百비千쳔

萬완億이兆쟈

華화音인正징俗슈變변異이 千字文 百家姓

玄현훤 宇위유 宙주쥐 昃재저 列리랴 暑쉬슈 閏인윤 成청칭 律뤼류 呂뉘류 結졔겨 崑쿤군

霜쐉솽 劍쟌견 闕커퀘 果궈고 珍츤진 芥쟤계 薑쟝강 鹹션현 翔썅샹 師쓰스 鳥랸냔 始시스

裳쌍샹 羌강강 遐샤햐 邇이을 白배버 駒쥐규 被베븨 及지기 率쐐슈 鞠귀규 豈치키 傷썅샹

女뉘뉴 烈레려 效쌰햐 過궈고 彼비븨 短돤된 靡메미 已지기 使쓰스 絲쓰스 染연안 景징깅

行싱힝 賢션현 剋커킈 念년냔 聖셩싱 建쟌견 正졍징 形싱힝 緣원연 善싼션 慶칭킹 競징깅

事쓰스 君쥰균 嚴얀연 敬징깅 孝쌰햐 興싱힝 似쓰스 松쑹숭 川촨춴 澄등칭 若야요 思쓰스

言얀연 誠쳥칭 美메믜 業예여 基지기 甚시셔 竟징깅 學쌰효 仕쓰스 攝레셔 政졍징 甘산간

而일을 賤쟌젼 別베벼 下쌰샤 訓쓘휸 入위유 諸쥐쥬 兒얼을 兄쓩흉 枝지즈 氣치키 交쟈갸

切체쳐 箴쟌진 神썬신 滿만먼 逐쥐주 堅쟌견 雅애야 夏샤하 二얼을 京징깅 背베븨 浮부부

據규쥐 涇깅징 鬱유위 驚깅징 禽긴친 啓키지 肆스쓰 廣광광 內뉘네 承칭청 羣균츈 經깅징

轉젼좐 卿킹칭 縣현쎤 家갸쟈 陪픠뷔 驅큐취 世싀씌 駕갸쟈 輕킹칭 茂무만 勒리레 碑븨베

溪키치 宅저재 衡힝훙 曲큐츄 士스쓰 匡광쐉 弱요워 傾깅칭 更깅승 橫훙훙 綺키치 假갸쟈

滅며메 踐젼잔 黽밍멍 約요워 刑힝싱 起키치 騁젼찬 牧무무 軍균쥰 沙사쌰 漠모머 馳치지

譽유위 九구직 州쥐주 郡균쥰 嶽요얖 禪쒼싼 鷄기지 城칭쳥 禹유위 碣겨거 巖얀연 鴈연얀

百비배 稼갸쟈 穡서새 畝무무 我오워 勸권쳔 賞상샹 孟뭉멍 軻커거 史스쓰 幾기지 謙켠쳔

謹긴진 鑑견잔 須만먄 色서새 厭켜쳬 嘉갸쟈 其키치 祇즈지 省싱숭 譏기지 誡계제 極기지

修유위 近긴진 幸힝싱 見견잔 機기지 解계졔 居규쥐 閒현션 沉친츤 求킥착 論룬룬 散산싼

慮류뤼 遣견쳔 謝셔셰 渠큐쥬 莽망멍 陳친츤 根근끈 葉여예 鶡군쿤 絳강쟝 寓유위 箱상썅

耳을얼 具규쥐 膳선싼 飧순쓴 飫유어 飢기지 厭연얀 雋구직 侍스시 巾긴진 紈원완 扇선서

潔계졔 煒위휘 寐믜메 晝착주 筍슌쥰 象샹썅 絃현쎤 接저졔 槼규쥐 盃븨배 矯쟈챠 悅워웨

且처졔 嗣스츠 祀스쓰 蒸징증 稽기지 顙상쌍 懼규쥐 牒저비 簡젼잔 垢구후 骸히해 詳싱샹

想샹썅 驢루뤼 浴유위 特틔터 捕부푸 賊즤졔 獲회후 丸원완 嵇히해 琴킨친 倫룬룬 鈞균쥰

巧쟌챤 紛본분 皆계졔 佳갸쟈 矢스씨 曦히시 璇쉰션 璣기지 懸현션 斡와간 晦휘홰 魄픠븨

指즈지 吉기지 矩규쥐 陋루루 矜깅숭 瞻젼쟌 眺탸쟈 徘픠배 愚유위 誚쟌챠 蒙믕멍 焉연얀

右千字文凡一二百八十八字初釋正音次釋俗音

孫손쑨 鄭징쩡 馮봉뿡 褚쥬츄 陶톼됴 姜걍쟝 奚히시 廉렴련 岑찬친 雷뤼레 倪이미 郝하허

貝븨배 屈휴취 季기지 疆컁창 宋숭쑹 熊숭쓩 江강쟝 紀기지 項향샹 顔연얀 梅믜메 邱쿠치

支지즈 裘쿠취 邢힝싱 陸릭루 麴큐츄 芮위네 靳긴진 隗위퀴 汲기지 賁본분 郁유위 程칭청

全촨춴 紲치시 仇쿠추 欒롼란 厲리릐 詹젼쟌 簿보버 司스쓰 喬갼챠 翟지재 姬기지 冉언연

2a

郤키취 暨지기 寇쿠쿠 蔚유위 郟갸쟈 雙솽쌍 濮부푸 冀키차 晏얀얀 瞿큐쥐 蔿유위 戈고거

聶녀레 訾즈츠 荊깅징 游유유 權쵠쳰 于유위 軒현쉰 鐔신탄

右百家姓凡六
十八字

你呢貴姓（影印本）

你呢貴姓

全

大正八年柒十月日修繕

텬 디 쒜 환 위 주 훙 황 이 웨 잉 저 천 쉬 리 장 한 리 쉬 왕
天地玄黃宇宙洪荒日月盈昃辰宿列張寒來暑往
츄 쑤 둥 짱 인 위 칭 쉬 뤼 뤼 턀 양 윤 흥 지 위 루 졔 위 쐉
秋收冬藏閏餘成歲律呂調陽雲騰致雨露結爲霜
진 승 리 쉬 위 추 쿤 강 쟌 쏘 쥐 쿼 쥬 칭 여 광 궈 쳔 리 네
金生麗水玉出崑岡劍號巨闕珠稱夜光果珍李柰
치 중 졔 걍 히 쎈 허 다 린 쟌 위 썅 룽 쓰 호 디 냐 관 린 황
菜重芥薑海鹹河淡鱗潛羽翔龍師火帝鳥官人皇
시 지 운 즈 내 푸 이 샹 뒤 웨 양 궈 위 위 토 탕 댜 민 방 쥐
始制文字乃服衣裳推位讓國有虞陶唐弔民伐罪
쥬 퐈 인 탕 조 찬 운 다 쥐 궁 핑 쟝 이 유 리 쒸 친 푸 융 걍
周發殷湯坐朝問道垂拱平章愛育黎首臣伏戎羌

이이지쐐쯴귀왕밍퐁재슈븨쥐시챵화비챺무
遐邇壹體率賓歸王鳴鳳在樹白駒食場化被草木
래지완퐝기즈신화쓰마우쟝궁웨쥐양치간훼쌍
賴及萬方蓋此身髮四大五常恭惟鞠養豈敢毀傷
뉘무뎐례난쑈채량디쥐리기더능모왕왕탄비돠
女慕貞烈男效才良知過必改得能莫忘罔談彼短
메시치챵신쓰커푸치쉬란량머쮜쓰여스차간양
靡恃己長信使可覆器欲難量墨悲絲染詩讚羔羊
징싱워션커녀조ᄼᄂ쟌밍리싱돠뱦졍쿵구좌싱
景行維賢剋念作聖德建名立形端表正空谷傳聲
쉬탕시팅이화어지루웬샤칭치비쮜반추인스징
虛堂習聽因禍惡積福緣善慶尺璧非寶寸陰是競

조 부 쓰 쥰 쉬 얀 쉬 징 샨 댱 거 리 죵 쳐 졀 밍 린 신 리 발
資父事君曰嚴與敬孝當竭力忠則盡命臨深履薄
쉬 징 운 칭 쓰 란 스 힝 쉬 쑹 즈 싱 촨 류 부 시 야 둥 취 잉
夙興溫凊似蘭斯馨如松之盛川流不息淵澄取映
룽 즈 쟈 쓰 얜 즈 야 딩 두 추 칭 메 시 죵 이 링 룽 예 소 지
容止若思言辭安定篤初誠美慎終宜令榮業所基
지 심 우 징 산 우 둥 쓰 뙤 지 중 졍 춘 이 싼 탕 취 얼 이 융
籍甚無竟學優登仕攝職從政存以甘棠去而益詠
요 슈 귀 쟌 리 뻬 준 비 상 허 싸 무 푸 챵 푸 쉬 쇄 사 쿠 쑨
樂殊貴賤禮別尊卑上和下睦夫唱婦隨外受傅訓
쉬 풍 무 이 쥐 쯔 비 누 우 즈 비 얼 쿵 쾌 쑹 더 둥 치 렴 지
入奉母儀諸姑伯叔猶子比兒孔懷兄弟同氣連枝

잔 우 투 픈 쳬 모 쟌 귀 인 츠 인 처 잪 츠 푸 리 졔 이 리 퉤

交友投分切磨箴規仁慈隱惻造次弗離節義廉退

딘 픠 픠 퀴 싱 징 즁 이 신 둥 신 피 식 진 즈 만 쥐 우 이 이

顚沛匪虧性情靜逸心動神疲守真志滿逐物意移

잔 지 야 찰 핲 쟌 즈 미 두 이 화 햐 둥 시 얼 징 메 망 면 로

堅持雅操好爵自縻都邑華夏東西二京背邙面洛

푸 위 쥐 징 궁 뎐 판 위 류 관 픠 징 투 셔 진 식 화 치 션 링

浮渭據涇宮殿盤鬱樓觀飛驚圖寫禽獸畫綵仙靈

빙 셔 팡 지 갸 쟝 뒤 인 쏘 연 셔 사 구 스 취 숭 숭 졔 나 비

丙舍傍啓甲帳對楹肆筵設席鼓瑟吹笙陞階納陛

뎌 잔 이 싱 부 둥 광 비 조 다 청 밍 지 지 흔 뎐 유 쥐 츈 잉

弁轉疑星右通廣內左達承明既集墳典亦聚羣英

두 구 즁 리 치 슈 비 징 부 로 쟝 샹 루 쟈 쾌 징 후 쳥 바 쎤
杜稾鍾隸漆書壁經府羅將相路俠槐卿戶封八縣

쟈 긔 쳔 빙 꼬 관 픠 녀 취 구 친 잉 씨 루 치 루 쳐 쟈 픠 칭
家給千兵高冠陪輦驅轂振纓世祿侈富車駕肥輕

취 궁 모 시 리 뻬 커 밍 판 치 이 인 조 스 아 훙 안 처 취 푸
策功茂實勒碑刻銘磻溪伊尹佐時阿衡奄宅曲阜

외 쟌 슈 잉 화 궁 쾅 허 지 워 푸 칭 치 휘 한 휘 워 간 우 딩
微旦孰營桓公匡合濟弱扶傾綺回漢惠說感武丁

쥰 이 미 우 도 쓰 시 닝 진 추 긍 바 잔 위 쿤 훙 갸 토 메 궈
俊乂密勿多士寔寧晉楚更霸趙魏困橫假途滅虢

쟌 투 휘 멍 허 준 유 파 한 비 빤 싱 치 쟌 포 무 융 쥰 쥐 징
踐土會盟何遵約法韓弊煩刑起翦頗牧用軍最精

쉬위싸어지워단칭자주워지비쥰치빙쌰즁훙되
宣威沙漠馳譽丹青九州禹跡百郡秦并嶽宗恒岱
쌰쥬윤팅얀문즈쌔지텐치청쿤치거시쥐여둥팅
禪主云亭雁門紫塞雞田赤城昆池碣石鉅野洞庭
광원면먀얀식먀밍지버유뉴우즈자새누져난무
曠遠綿邈巖岫杳冥治本於農務茲稼穡俶載南畝
워이수지쉬수궁시취샹추지멍거둔수쓰위빙지
我藝黍稷稅熟貢新勸賞黜陟孟軻敦素史魚秉直
수지즁융랃켜진칙링인차리잔모변서이궤쟈유
庶幾中庸勞謙謹勅聆音察理鑑貌辨色貽厥嘉猷
면치지지슝궁지계충증캉지디워지치리깐신지
勉其祗植省躬譏誡寵增抗極殆辱近恥林皋幸即

량수짠지혀쥬쉬비소쥐여취치머지쟌칠구서룬
兩疏見機解組誰逼索居閒處沉默寂寥求古尋論
싼뤼샾샨힌주루쳔지쎄화쟌취허디리웬멍좌탼
散慮逍遙欣奏累遣感謝歡招渠荷的歷園莽抽條
피파완취우퉁잔됴쳔끈웨이로예퍞얖우쿤두윤
枇杷晚翠梧桐早凋陳根委翳落葉飄颻遊鵾獨運
링모쟝샾돤두완시위무낭썅이와유위수얼웬챵
夌摩絳霄耽讀翫市寓目囊箱易輶攸畏屬耳垣墻
쥐싼싼판디쿠충챵반어펑지지얀잔캉친치구작
具膳飡飯適口充腸飽飫烹宰飢厭糟糠親戚故舊
랖샾이량쳬위퐝지시지위팡완싼웬졔인주휘황
老火異糧妾御紡績侍巾帷房紈扇圓潔銀燭煒煌

주면시메란준샹촹현거작연졔베쥐샹쟌샥둔주

晝眠夕寐藍筍象床絃歌酒讌接盃舉觴矯手頓足

웨위쳬캉디후츠수지쓰즘챵지쌍재베숭쥐쿵황

悅豫且康嫡後嗣續祭祀烝嘗稽顙再拜悚懼恐惶

젼뎨쟌얀구다시썅히후상위지여웨량뤼로두터

牋牒簡要顧答審詳骸垢想浴執熱願涼驢騾犢特

히야찬양쥬잔저닾푸후판왕무셔랴완히치원샤

駭躍超驤誅斬賊盜捕獲叛亡布射遼丸嵇琴阮嘯

뎐비룬즈쥰챠어댠시쿤버쉬빙졔쟈먀마스슈즈

恬筆倫紙鈞巧任釣釋紛利俗並皆佳妙毛施淑姿

궁미여샨뎌씨믜취시휘랑얀뎌지워갸쾌메좌잔

工顰姸笑年矢每催曦暉朗曜璇璣懸斡晦魄環照

지 신 쑤 우 융 쉬 지 샾 쥐 부 이 링 후 양 랑 먀 수 디 긴 좡
指薪修祜永綏吉劭矩步引領俯仰廊廟束帶矜莊
뷔 회 잔 챂 구 루 과 운 위 멍 등 찬 위 위 주 자 얀 저 후 여
徘徊瞻眺孤陋寡聞愚蒙等誚謂語助者焉哉乎也

뵈 자 싱
百家姓

잔 쳔 쑨 니 자 우 쩡 왕 펑 쳔 주 위 장 시 좐 양 쥬 친 위 쉬
趙錢孫李周吳鄭王馮陳褚衛蔣沈韓楊朱秦尤許
허 뉘 스 장 쿵 챂 얀 화 지 위 댠 장 치 셔 주 위 뵈 쉬 두 장
何呂施張孔曹嚴華金魏陶姜戚謝鄒喻柏水竇章
윤 수 판 거 시 좌 펑 랑 누 위 챵 마 먀 풍 화 팡 유 이 웬 릭
雲蘇潘葛奚范彭郎魯韋昌馬苗鳳花方俞任袁柳

풍 봐 스 탕 퍼 련 치 쉐 레 허 니 탕 둥 인 로 비 허 우 아 챵
鄧 鮑 史 唐 費 廉 岑 薛 雷 賀 倪 湯 滕 殷 羅 畢 郝 鄔 安 常
요 위 스 푸 피 변 치 캉 우 위 원 푸 구 멍 핑 황 허 무 샾 인
樂 于 時 傅 皮 卞 齊 康 伍 余 元 卜 顧 孟 平 黃 和 穆 蕭 尹
얖 샾 잔 왕 치 뫄 위 디 미 버 밍 쟝 지 푸 칭 띠 탄 쑹 만 팡
姚 邵 湛 汪 祁 毛 禹 狄 米 貝 明 臧 計 伏 成 戴 談 宗 茅 龐
쓩 지 슈 취 샹 쥬 둥 량 두 원 란 민 시 지 마 쟝 갸 루 루 위
熊 紀 舒 屈 項 祝 董 梁 杜 阮 藍 閔 席 季 麻 強 賈 路 婁 危
쟝 둥 얀 궈 메 싱 린 댜 즁 쉬 츄 로 갚 햐 채 텬 판 후 링 호
江 童 顏 郭 梅 盛 林 刁 鍾 徐 邱 駱 高 夏 蔡 田 樊 胡 凌 霍
유 와 지 거 자 다 두 모 징 팡 츄 무 간 셰 잉 중 딩 쉬 푼 둥
虞 萬 支 柯 昝 管 盧 莫 經 房 裘 繆 干 解 應 宗 丁 宣 賁 鄧

위 싼 항 훙 봐 쥐 조 시 취 지 부 궁 칭 지 싱 화 페 루 숭 웅
郁單杭洪包諸左石崔吉鈕龔程嵇邢滑裴陸榮翁

순 양 위 휘 진 쥐 쟈 퐁 뤼 이 츄 진 지 빙 미 쑹 징 돤 푸 우
荀羊於惠甄麴家封芮羿儲靳汲邴糜松井段富巫

우 쟢 바 궁 무 퀴 싼 구 쳐 후 미 펑 촨 시 반 양 추 중 이 궁
烏焦巴弓牧隗山谷車侯宓蓬全郗班仰秋仲伊宮

링 착 롼 봐 깐 두 리 숭 주 우 푸 릭 징 쟌 수 룽 여 싱 쓰 샾
寧仇欒暴甘鈄厲戎祖武符劉景詹束龍葉幸司韶

갚 리 수 버 인 슈 비 홰 푸 틔 충 어 소 쎈 지 래 조 린 투 멍
郜黎薊薄印宿白懷蒲邰從鄂索咸籍賴卓藺屠蒙

치 챺 인 슈 눙 창 쐉 운 신 당 지 탄 궁 랖 팡 지 신 푸 두 션
池喬陰胥能蒼雙聞莘党翟譚貢勞逄姬申扶堵冉

지 디 융 쥐 쥐 쌍 긔 푸 부 싸 퉁 벼 후 연 지 쟈 푸 샹 룽 운
宰酈雍郤璩桑桂濮牛壽通邊扈燕冀郟浦尚農温
볘 좡 얀 치 쥐 연 츙 모 련 쥐 시 환 비 위 융 샹 구 이 신 거
別莊晏柴瞿閻充慕連茹習宦艾魚容向古易慎戈
럎 유 즁 지 쥐 훙 부 두 긍 만 훙 쾅 귀 운 쿠 광 루 퀴 둥 우
廖庾終暨居衡步都耿滿弘匡國文寇廣祿闕東歐
수 우 리 위 웨 퀴 룽 스 궁 셔 니 잔 구 쟌 룽 룽 즈 신 칸 나
殳沃利蔚越夔隆師鞏厙聶晁句敖融冷訾辛闞那
쟌 얀 쿵 증 무 싸 믜 양 쥐 슈 풍 찬 관 쾌 샹 차 후 징 훙 유
簡饒空曾毋沙乜養鞠須豐巢關蒯相查後荊紅游
쥬 취 루 기 이 환 궁 와 쓰 스 마 샹 관 우 양 햐 후 쥬 거 운
竺權逯蓋益桓公万俟司馬上官歐陽夏侯諸葛聞

인 둥 팡 허 례 황 푸 위 치 궁 양 탄 타이 궁 예 중 정 푸 양 춘

人東方赫連皇甫尉遲公羊澹臺公冶宗政濮陽淳

쒸 쌍 쒸 퇴 슈 신 투 궁 쑨 쭝 쑨 쒠 웬 밍 후 쭝 리 위 운 창

于單于太叔申屠公孫仲孫軒轅命孤鍾離宇文長

쑨 무 융 쓰 투 쓰 쿵 븨 자 싱 즁 웬 쉬 란 취 치 츄 잔 추 난

孫慕容司徒司空百家姓終原隨蘭曲耆叢戰初南

히 쑤 니 탄 이 와 무

海脩尼鐔衣由年

톈 간 디 즤

天干地支

갸 이 빙 딩 우 지 깅 신 미 귀

甲乙丙丁戊己庚辛壬癸

즈 착 이 먄 친 쓰 우 위 신 유 쉬 히
子丑寅卯辰巳午未申酉戌亥

얼 씨 바 수
二十八宿

쟌 캉 디 황 신 위 지 두 부 뉘 쉬 위 시 비 퀴 루 위 먀 비 즈
角亢氐房心尾箕斗牛女虛危室壁奎婁胃昴畢觜

싼 징 귀 랴 싱 쟝 이 진
參井鬼柳星張翼軫

쏸 수
算數

이 얼 싼 쓰 우 랴 치 바 자 시 뷔 쳔 완 이 쟌
一二三四五六七八九十百千萬億兆

니니귀싱아 워부깐쟌싱왕아 니니귀취스나리니
伱呢貴姓啊 我不敢賤姓王啊 伱呢貴處是那裡呢
네귀한셩이냐 내블감한쳔셩왕이로다 네귀한곳이어듸냐

비취재랸둥쳥리쥬아 니재져리조슨이우도산년
卑處在遼東城裡住啊 伱在這裡作生意有多少年
나존곳이뇌동셩안에셔삿노라 네여기셔당ᄉ하던디가멋히돈봔이

디쿵무마 우러얼시도뎐디쿵푸리 뱦둥스디져도
的工夫嗎 有么二十多年的工夫咧 遼東是在這多
되엿너니 이습여년돈봔이되엿노라 뇌동은예셔얼마나머

웜나 우러싼빅도리디디마 니니충갸리기스치
遠哪 有么三百多里的地啊 伱呢從家裡幾時起
냐 삼빅여리선이되다 네집으로부터어네쎄떠나

신리져 쟤거워주두다갸리치시 졸기치뎌리야 내너귀

身來着 這ᄉ月初頭打家裡起身 昨ᄉ纔到來㕸 恁吒貴

왓너냐 이달초싱에집으로부터떠나어제야니르러왓다 비귀한

궁아 워재쓰시우쉬려 수심마 수마아 갸리

庚㕸 我纔四十五歲㕸 屬甚嗎 屬馬㕸 家裡

나이냐 비계우사십오셰로다 무어세볏너니 말긔볏노라 집의

푸무두재마 무치스잔취시 즈와푸치저갸아 쌍쌰

父母都在嗎 母親是早去世 只有父親在家㕸 上下

부모다계시냐 모친은일즉기셰하고 다만부친만집의계시다 상하

갸粧룽줄룽도샨아 쌰시도려갸쿠나 거숑기워야

家眷攏共攏多小呀 三十多ᄉ家口㖿 哥兄幾位㕸

집의사람이도무지언마냐 삼십여인가ᄆ로다 동싱이몃치냐

디숭뭉쓰거두 디에재이조궈뤼이 풍가워 나마이거팡
弟兄們四个都在一塊過日子 並沒有分家咧 那嗎一个房
동성들네이따화디이셔일지울보내고 상거블가하미업다 지러면하나집
즈늉거주더쌰마 쓰시도잔다팡즈치쌰시도거련츰무
子能勾住得下嗎 四十多間大房子纔三十多个人住嗎
의능이엿시가자리잇너냐 사십여간큰집에야삼십여식이잇지하며잇지못
주부샤니 니니노기아 외커스노얼나 니머거숭뭉스
住不下呢 你呢老爺啊 我却是老二哪 你呢哥兄們是
하냐 네가멋지냐 네[illegible]는둘저도카 너희네는집의
지갸리잔심마 외디거거 즈뒤시양니부리당처 갸듸
在家裡幹甚嗎 我的哥哥是在瀋陽禮部裡當差 家裡
서무엇하너니 네형님은심양네부[illegible]실하고 집의

쯔 무 량 거 슝 디　이 거 스 중 디 이 거 스 재 수 황 녠 수 아　니 믄 쟈
只有兩个兄弟　一个是種地一个是在書房念書呀　你們家
다만두낫동셩이여　하나는농사하고하나는셔저셔글닑너다　너의집
쥐 이 넌 더 쟌 구 데 도 샤오 아　부 쌍 량 시 과 지 좌 산 융 더 다 더 이
種一年的照顧著多少嗬　不夠粮食家務吃穿使用的打得一
의일년은뉘가얼마가되너니　냥식은넘지밧고먹고닙고쓰넌것반하지노와
쾌 찬 치 릐 마　뎨 거 쌍 비 릐 더 이 츠　갸 무 도 샤 텬 더 디 마
塊錢起來嗎　著个三百來的銀子　家有多小天的地嗎
셈하여비랑이면　삼빅여량은이되노라　집의멋날가의밧이잇너니
디 쥐 스 도 부 궈 얼 서 도 청 디　간 또 치 텬 쇼 쳔 량 시 주
地卻是多不過二十多成地　趕到秋天收成粮食就
밧싸는만치받는이십여날갈이밧이오　가을에는거두어냥식만드더

쎈 피 이 바 와 더 이 자 다 지 황 싱 샤 이 바 강 꾸 이 션 레

現賣一半打咧人家的吸嚷 剩下一半剛句一斤吃

지곰 본 만 는 과 다 남의 빗갑고 남 만 나 믄 것슨 가우 닌 날 먹기여 잘 라 다

니니져탕 둥심마둥시 왕져 먼쿠디리야 심마여두 우바

你呢這塘擃甚嗎東西往這門口帶來啊 甚嗎也都有啊

네 이 번 에 무슴 물건 사지고 며 문 구 도 아 져 왓 너 냐 무어시 다 잇노라

맏즈 마이즈 시다 쉬웬 수무 비순부 뒤칭부 황이즈

帽子 馬尾子 錫鐵 倭元·蘇木 白絲布 對青布 黃尾子

갇두 마미 유랍 함뎌 단목 뵈삼순 티청포 황모

후잔 비버 쉬인 띠장 궁빙 넌거양 얀치여두빙우

胡椒 白礬 水銀 闘蕫 貢餅 連各樣藥材也都并有

호초 빅반 수은 미강 공병 각양약저아울나다잇다

져거니 후니 와 섬마 둥시 짠ᄌᆞ 왕워 쉬마　져리ᄭᅴ 량 텬 베
這厶裡頭儞要甚嗎東西呢ᄌᆞ望我說罷　過咧一兩天別人
이즁의 무슴 물건 요구하면 일즉이 날ᄃᆞ려 말하여라　차 로 이 흔 지 세 면 남
두 펀 당 주　디 셜 지 미 우 쉬 싱 디 희　쉬 져 러 릉 리 디 둥 시
都停當就　底些再沒有餘剩的咧　我這厶攏來的東西
이다 결단하여　밋히 다시 나물 것시 업ᄂᆞ니라　내 이 가져온 물건은
할 키 무 퉁　비 러 자 후 리 너 너 쿠 리 두 챤 ᄌᆞ　나 러 리
好歹不同　比人家頭裡儞吃哺哩都瞧ᄌᆞ　那厶裡
조흔 구즘이 갓지 아니하니　남보담 만커며 가지가지 다 보와　러 주 외
두 칸 중 디 둥 시 부 러　즈 관 왕 워 쉬 마　워 지 니 부 샤
頭看中的東西否咧　只管徃我說罷　我給儞留下
보와 맛당ᄒᆞᆫ 물건이 잇스면　다만 날ᄃᆞ려 니르라　내 너ᄅᆞᆯ 주어 두리라

재부간 잉쉬 볘린나
再不敢應許別人哪
다시감이ᄯᅡᆫ사람의게허락지아니ᄒᆞ랴

워디 번쳥 쏀인쯔 부대래 뎌 ……
我的本成現銀子不帶來吃
내가근본이직은을가져오지아니ᄒᆞ시니

즘무미 니디호니
怎嗎買你的貨呢
엇지네물건을사가너니

니 우왜호 부러
你有外貨否咧
너밧갓물건이스량이면

자문냥투 조갸
咱們兩頭作價
우리두머리로갑슨

뒤화、、 무즈
對摟ᄃᆞ否子
지여맛구더뒤도

여스더
也是得
ᄯᅩᄒᆞᆫ다

워 뮈우볘디둥시
我沒有別的東西
내ᄯᅡᆫ물건은업고

즈우이쳔도
只有一千多
다뭇일쳔여장

장 부피
張牛皮
우피가이스니

니 얀쓰화주
你要使摟䛘
네쓰고저ᄒᆞ면

자문 뒤 쟝갸쳔바
咱們就講價錢罷
우리마져갑슬분ᄉᆞᄒᆞ자

스더
是得
올다

밍거워추취뎌챤니나저부피 휘릐자믄쟝주〻〻바
明个我出去先瞧你那个牛皮　回来咱們講主〻〻罷
ᄂᆡ일ᄂᆡ나가먼져네가우피를보고 도라와우리논난하자

니저거부피부다흔찬 재나볘디하오디릐바 니저
你這个牛皮不大很好　再拿別的好的来罷　你這
네이우피가과다뎡좃지아니하니 다시달은조흔것가져오나라 녀이

거쉬스나리디화너 워저거부피니우스션부하오러 니단
个說是那裡的話呢　我這个牛皮你又是嫌不好咧　你到
말은엇진말이냐 ᄂᆡ이우피를네또좃치안타혐의하니 네달

볘취리챤리쟈디채 커지단비워디하오디러 워저거
別處裡瞧人家的纔　可知道比我的好歹咧　我這个
른곳의가남의것을보아야 아마ᄂᆡ것보다조흔지숨을알니라 ᄂᆡ이우

부피디근재버디팡수매디스후 비러자도추차야미귀기
牛皮底根在本地方収買的時候 此人家多出大價買來的
피가 근본이 본디 방의셔 수매할 제예 남보담 큰갑슬 내여주고 사온 것시니

쉬니디여얀무얀바 워부파뮈유런얀 니커주
隨你的邀要不要罷 我不怕沒有人要 立刻就
비쌋디로 사가시면 싀고 스븜고 만두어라 게 작ᄌᆞ 업스믄 쩌허야노라 넙각이면

메거애리나 니니뮈시ᄾ 나마이장부피니얀도
賣給別人哪 你呢白識ᄾ 那嗎一張牛皮你要多
ᄯᆞᆫ 은사람의게 팔갓다 네가 곤연이 수구하다 저리면 한장 우피에 네 얼마

산이즈바 이장부피산무미이랑바픠운인 재거수
大銀子罷 一張牛皮小不賣一兩八錢紋銀 這人是
논을 달나너냐 한장 우피여 일냥 팔젼의 돈 되면 파지 아갓다 이거슨

쳐부눙 쏘샤궤더쏘시갸 쳐나 니쥐거갸 쳐퀘귀아 얀엳
再不能擱下來的老實價錢哪 你這个價錢忒貴呀 要二
다시비리지아녀할고실한갑시니 네이갑시너머귀하구나 파곤
부상주여댜바랴 쉬나빠다황 쉬쿤미져니
不上就也倒罷了 說那嗎大謊 誰肯買着你
지아니면다도려여헐마엇지하랴 과려커가즛말하여셔는 뉘즐려네기리
나더쥐뭉시니 얀쉬스얼냥우쥐왕니쉬 궤스싸
那么貴東西呢 若說是一兩五錢往裡說 却是有
하물며사갓너니 만일너느이온한냥닷돈만으로말하여여우온 다라눈
장주투 얀스샹쇄쇄 자뭄시거더눈시 쟝무칭
講主頭 若是往外說 咱們今么的生意講不成
말하며셔고 만일밧긔로말하여셔는 우리오늘흥졍을말하다가못하리로다

왜다거게쥐마재 워여우게시저바되잔상 메이장부

王大哥你這嗎着 我也句你寔在難得我㩦 每一張牛

왕형아너이리하여다 내도ᄂᆡ라실로이필ᄇᆞ하기어렵다 매한장우

피워거너양얼런이즈 니다니디뒤좌 얀뇌이

皮我給你讓二袁銀子 你打你的筭板 若願意

피에내너ᄒᆞᆫ두돈은흔ᄒᆞᆫ조와줄거시니 네가네셈파노와 만일듯의

주자문마상량당 얀부원이주바 나마이장부피

就咱們嗎尚傳當 若不願意就罷 那嗎一張牛皮

셤하며직有결단하고 만일듯의원치아니면그만두어라 저러면한장우피

일냥부쥐이나완미딩 워메무셴인즈 즈우기중

一兩六彔依你筭買定 我没有現銀子 只有栽種

여한냥엿돈에네ᄯᅩ산주ᄂᆞᆫ노셈하고 네직은이업고 다못먹가지

리호 니내뎐져니즈나취 자몬리쇄지잘바
裡化貨 儞吃頂着銀子拿去 咱們裡外再我罷
상물건이슈니 너온머리맛초와가져니거라 우리안팟고로거슬드름하며
여스터 쏘부스나마져 워나거거양둥시리두칭니
也是得 若不是那嗎着 我那么各樣東西裡頭憑儞
任혼다 마일과뎌치안이면 네져각양물건가온이 비히
니즈관디취취 산ㄷ쟝 다과샤돠도산니 워거니
吃只管帶回去 笑ㄷ賬 那怕下短多小吃 我給儞
또먹가져도라가고 장눈셈하자 제원얼마덜어지거니 네너눈
쉐이거취단즈 갸자탕화니이즈스터스부터
穩一么回單子 赶下墻還儞銀子是得是不得
하나회답을써주논서이나 아뭇문거례논쓰난바무미오른으냐오른치아니냐

워저거숭이 번래만되대매뫼 완이쥬안거니 쿵쏵휘취레
我這个生意本來毛短的買賣 萬一賺給你空手回去咧
내이쟝사가본니리근리리하ᄂᆞᆫ디 만일너눌뫼상주고공수로도라가셔는

런자더지황다부카이 워저거시숭더숭이 유허거더주니
人家的吸荒打不開 我這个稀鬆的生意 如何擱得住呢
남의빗듯갑지못하며 내이본쳔업난쟝ᄉᆞ가 엇지견ᄃᆡᆫ가보냐

시재다부주아 워여부쉬이쟝니인즈 니니지스야팡
寔在担不住呀 我也不願意讓你銀子 你呢既是要放
실노견드지못하깃다 나도네은지기ᄂᆞᆫ원치안노라 네가에누외상줏키

쟝주 마워나거자호안니더인수얼 나취주저부완
賬祉 把我那个雜貨按你的銀數兒 拿去就都不完
ᄂᆞᆫ드구안니하니 네리잡모ᄂᆞᆫ것ᄂᆞᆫ다가네ᄂᆞᆫ수ᄃᆡ로 가져가면다지안이노라

나 거 뒤 뫄 샤 루 믜 져 시 거 자 로 나 뢰 취 레 닷 워 무 디 팡 강
那人越發下不來 這些人雖他貝拿回去咧 到我們地方剛
저 사람이 더욱 나리오지 못하갓다 이 녀러가지 잡을 가져가면 우리 디방의 니르러
과 머 미 닷 셔 이 즈 주 여 닷 뒤 무 관 얀 쉬 스 헝 스
匀杏賣到現銀子訖 也倒沒有難 若說是恒事
가우로의 자리 좌다 작 는 이 되면 任로 더 어려움 업갓다마는 만일 녀보기를 시셰가
이 뒤 미 부 추 취 레 워 히 기 즘 무 디 니 아 야 니 저 거
一遭賣不出去咧 我愛該怎嗎的呢 愛呀你這人
한 번 어그러져 파라나가지 아니면 내 살려가 어지하갓녀니 앳 즈 나 녀 이 미 미
뫼 미 시 저 니 닷 바 닷 져 두 부 허 시 반 닷 나 두
賣買案在嗙道 辨道這頭不合賣貝 辨到那頭
[illegible]

위부뒤진 워퇴모부쟌지즘마져저잘니 워쟌니나
又不對盡 我爰莫不着護怎嗎這纔好呢 我瞧你那
하되또맛지아니하니 내상거모든것다가되엇지케야조흔지 내녀거어렴

저팔상연 부얀메더 즈얀연인즈더이스니 니나
少防想兒 不要別的 只要現銀子的意思呢 你那
눈보니 달른것슨슬코 다못직은산요구하년의사니 베긔

마다상편이듸 메쉬스워아 관다쥐여즘무큰이너조
嗎寡想便宜咧 別說是我們 管他誰也更不肯依你作
다캐니참반생각하여셔은 나은니뜨지반고 저쉬든지다시질되네기조화지아니하리라

워기니조이뎐주이리 니구니디량 외조부조바
我給你作一点主意來 你顧你的量 愛作不作罷
내가너분좀주의눈지버주터시니 네가네셈도라보와셔 하뎐지하지아려지

워거니이쳔량셴인즈 신샤디인즈퀴스 딩져자호나
我給你一千兩現銀子 剩下的銀子却是 頂着雜貨拿
내가너를쳔냥직은을줄거시니 남은것은쇠는 잡물가머의맛초

취주쟈 냐드레 직스바 워부이니마 져스부니칭
去就筭了咧 就是罷 我不依你罷 這是不離朋
와가져가면셈맛갓다 곳거러하여라 내네뒤로아니하다 이는벗의께드는

우저이스 자문거얼키트리잔쳥승이 할이스부
友的意思 咱們哥兒開頭裡交成生意 好意思不
녀지안넌의사니 우리형뎨가쳐음으로흥졍을밋고져하나니 조흔의ᄉᆞ로와

더부이왕다거디화 죵도다이스간부증밍마
得不依王大哥的話 總多大意思敢不從命嗎
형의말을듯지안니치못하나니 엇지뜻을거ᄉᆞ리와명을좃지안케ᄂ

화쒀 화쒀 워챠니나거부피뒤뎌우뒤즈 매뒤즈쌍퇴

好說好說 我瞧你那个牛皮堆得五堆子 每堆子上頭

조흔말이오조흔말이로다 내네그쇠가죽을보니뎀미가다삿뎀미러라 매뎀미마다우희

디스커이칸더궈 디셔뒤디스뿌만나리쥐와라디

的是可以看得過 底些堆的是有半羅的爱有爛的

것슨죡히보암즉하고 밋희뎀미는쎡은것도잇고상거쎡은것도이스니

두부더이만 나거니두커이쓰더궈양얼디스 쇼워디

都不得一半 那个裡頭可以使得過樣兒的是 笑我的

도무지절반이못되니 그중의죡히쓸만하고빗나는것슨 내것슨조섬하고

야우칸부궈양얼디스 쉬컨나셴인즈미취니 쉬얀도

若有看不過樣兒的是 誰肯拿現銀子買去呢 俗言道

만일보라빗나미업난것슨 뉘사즐때직은은가져다사가리오 속언에니르되

션 돤 후 부 난　자 문 마 샹 루 리 두 다 키 쟌 이 쟌　파 쟌
先斷後不難　咱們嗎尚脯理都打開瞧、一瞧　寡調
마 쳐 하 면 후 의 어 렵 지 아 니 하 니　우 리 직 즘 가 지 가 지 다 플 고 보 고 보 와　못 치 아

추 부 한 디 릐　싱 샤 도 샾 솬 도 샾　뎐 ㄷ 수 얼 치 퍌 리　쳐 부
出不好的來　剩下多小筭多小　點ㄷ數兒起票來　却不
난 것 만 곤 나 미 고　얼 마 가 나 무 면 얼 마 을 셈 하 고　수 을 셰 예 표 을 시 면　또 한

숭 밍 거 디 노 단 마　나 파 련 이 장 여 뮈 무 심 마 탄 후 얼 부 럐
省明么的膀道嗎　那怕連一張也沒有甚嗎調頭兒咧
비 외 피 타 음 을 던 지 아 니 ᄒᆡ　혀 런 한 장 아 온 나 도 무 슴 고 은 것 시 업 너 니 ᄒᆡ

위 히 비 니 겅 시 환 나　왕 다 기 니 저 마 져　니 저 쉬 디 스
我喜比你更喜歡哪　王大奇你這嗎着　你這說的是
내 심 에 너 보 담 더 깃 부 다　왕 희 하 다 이 저 하 며 ᄒᆡ　너 이 말 하 녀 맛 슨

찬부치워디화야 얀후룽워디화야 니져거밍ᄇᆡ런ᄋᆢ스냐

瞧不起我的話呀 要胡弄我的話呀 你這个明白人又是惱

께받는업수이녀기다 나ᄅᆞᆯ후롱코져하녀받이로다 네이명ᄇᆡᆨ한ᄉᆞ람이ᄯᅩ어두

광후두 워지머문쿠조저싼시도넌디뫼미 ᄇᆞᆫ궈도샨피

粧胡塗 我在這門口作過三十多年的賣買 辦過多小皮

채하니 니머문여셔삼십여년ᄆᆡᄆᆡ를하여지니터니 얼마가족당사

스디슨이 중쳔빈뮈부좌피즈디주쥬 다둔져워리

子的生意 從前并沒有謅皮子的矩規 但等着我來

장ᄉᆞ하여지니기 져보탐지싣노가족ᄭᅩ므면 험이업너니라 다못나오기는기ᄃᆞᆫ데

니니솨기져이잔니얼마 이중피즈스번리빈부스이기이져장슈

你呢要問這一件例兒嗎 一種皮子是本來並不是一个个請主

비가이한가지ᄯᅢ는비교리하녀니 한가지가족은근본어지쥬ᄭᅴ비는날치아니며

원 스 할 디 챠 져 칭 시　거 러 칸 닾 심 마 칭 시　쟝 닾 심 마 갸 쳔

原是好歹瞧著成色　各人看到甚嗎成色　講到甚嗎價錢

원간 조흔 구즘 셩식 보와　인뫽이 무ᄉᆞᆷ 셩식을 보면　무ᄉᆞᆷ 갑슨 놀나 하고

져 거 스 즈 구 이 래 쥰 싱 더 구 니　난 더 쉬 스 니 햐 부 둥 더 마

這个是自古以來遵行的舊例　難得說是你要不懂得嗎

이것슨 자고이래로 준힝하던 비규러니　말하기슨 라너 살거 모르너냐

훙 수 니 너 거 런 비 밍 배 주 스 러　뷔 융 워 쟝 닾 져 리 티 닾 나 리

横豎你呢各人必明白就是咧　甭用我講到這裡提到那裡

괴라도 네가 인뫽이 마다시 명빅하면 올타　상거리 씨리로 올나하며 져리로 내르도록 하라

조 미 워 미 니 더 회 수 피 부 즈　리 투 우 디 스 베 쉬 스 셰 수 샤 이 뎐

作比我買你的灰鼠皮丕子　裡頭有的是別說是些須小一点

비여기가 너것의 회흔 서피라 하여도　안흔 잇스나 것슨 쎄이 셩하니 므르지 말고

나파부갈리엔디뮈우맛더니 니니쉬워문촌이 관바부
那怕有光皮兒的沒有毛的呢 你呢許我們謅嗎 管包不
져털가죽에ᄂᆞᆫ한것 털업난것시잇스면 네가우리고노기를허하랴 졍코끈나

양찬 니져거싱부츄디화스 워간단디우이 허쿠
謊謅 你這ㅅ行不出的話是 我看到底無益 何故
주지아니갓다 녀이힝치못할말은 내필경은보면무익하다 괴리

릭니 워나거부괴스티천빈뮈우쓰부잔디 부파쉬니찬
來呢 我那ㅅ牛皮是太咸並沒有使不着的 不怕隨你謅
치 내저우피흔근본이지실오쓰지못할것시업스니 네되로끈으녀것젹번ᄂ 안노라

위심마부갸찬니 부단스우런샾홰워아 충져
爲甚嗎不教謅呢 不但是有人笑壞我呀 從這
무엇슬위하야꾸우지못ㅅ하게하나니 다못사ᄅᆞᆷ잇서나는소회치안니ᄒᆞ래 본노좃

이 흐즈 좌 디 쉬 디 부 니 디 이 스 니　니 디 시 지 쟌 퐌 뫼 주
以後只怕底苓的蠻例的意思呢　你的寔真要調買就
[illegible] 후 외 ᄒ 못 이 담 베 쥬 뢰 된 가 져 어 하 녀 뫼 ᄉ 니　뎨 실 노 곧 나 ᄉ 고 져 하 면

낭 커 차 문 나 닷 슨 이 스 더　지 무 놘 만 추 져 거 번 구 뤄
寧可怕們拿倒生意是得　再不闲冒出這个緣故来
텬 코 누 리 가 댱 ᄉ 고 ᄣ 두 미 올 와　하 시 이 뎐 연 고 눈 듯 뵈 미 지 마 다

니 쏘 쉬 ㄷ 뻬 디 화　뵤 픠 즈 디 화 스 저 무 비 쐉 쉬 더 바　왕 다 거
你要說〻別的話　調皮子的話是再不必往我提罷　王大哥
녀 ᄡᆞᆯ 하 가 시 면 달 ᄅᆞᆫ 말 하 지　사 족 ᄭᆞᆫ ᄅᆞᆫ 갓 ᄐᆞᆫ 말 ᄋᆞᆫ 다 시 ᄂᆡ 게 ᄂᆡ ᄅᆞ 지 마 라　왕 형 아

니 니 라 텅 쟌 쓰 각 랴 더 화　커 직 무 눙 더　과 잔
你呢寡聽見死高麗的話　却說不能的　寡我
너 ᄂᆡ 다 ᄆᆞᆫ 죽 게 된 고 려 말 ᄉᆞᆫ 드 러 ᄂᆞᆫ 도 [illegible] ᄒᆞ 거 니 와　[illegible]

산 쥬 피 후 룽 쥐 라　칸 치 저 거 릐　쥐 지 단 너 다 거 시 양 얼

死高麗胡羹去罷　看起這个来　却知道你那个心樣兒

뻐운 되ᄂᆞᆫ 조ᄉᆞ가 후ᄒᆞ여라　이놈 보와 빗다　任 너의 거 마음 곳지 안이 주ᄂᆞᆫ 안ᄂᆞᆫ

부 지 려　취 다 거 니 이 거 뻔 릐 쥐 쉬 샤 화　쉐 귀 스 쉬 부 궈 니

不值咧　崔大哥你一个本来會說笑話　我却是說不過你

곳다　최형아 네가 본릐 우순 말 잘 ᄒᆞ다　내 ᄯᅡ 온 말 시 녀 만 못 ᄒᆞ다

관 타 할 디 너　우 기 장 샤 기 장　자 문 씨 너 조 마

管他好歹呢　有幾張笑張　咱們倸你作罷

발 뜬 굿 치 나 좃 코 굿 고　몃 장 잇 스 면 몃 장 을 셤 하 고　우 리 비 디 로 하 자

쩌 거 치 스 화　이 쟌 숟 냥 쟌 슈　자 문 스 리 단 디

這个綫是話　一遭生两遭熟　咱們是開道的

이것시사 본 드ᄂᆞᆫ 말 이로다　ᄒᆞᆫ 번 온 ᄉᆡᆼ 면 이오 두 번 보면 구면 이라　우리 가 길 녀 년 ᄂᆡ

믜 믜
買賣
매 매

추 휘 더 펑 부 근 쳔
初會的朋友跟前
처음으로보ᄂᆞᆫ벗압페

니 니 부 이 뎌 러 징 최 왕 후 지 자오 구
你呢留一点人情緫往後再顧照
네좀인졍을두어ᄅᆞ후에다시너ᄅᆞᆯ도라보

니 니
你呢
너라

니 쏘 마 단 조 뎌
你要罷道作咧
네ᄇᆡᆨ지ᄒᆞ다녀셔ᄂᆞᆫ

간 샤 츠 쉬 큰 어 니 마
赶下次誰肯惹你嗎
아랫번의뉘즐겨너과맛잡간ᄂᆞ냐

자 문 챵
咱們長
우리ᄃᆞᄅᆞ니

조 부 조 바
作不作罷
ᄒᆞ던지마던지

켜 소 이 니
却耶以呢
ᄯᅩ이러므로

훙 러 부 궈 이 잔
哄人不過一遭
사ᄅᆞᆷ속이기ᄂᆞᆫᄒᆞᆫ번에셔더못ᄒᆞᄂᆞ니

조 비 니 쟌 워
作此你見我
비계너가비게니

퓐 이 러
便宜咧
ᄒᆞᆼᄂᆞᆯ보면

워 여 스 신 리 궈 더 취 마
我也是心裡過得去嗎
내도ᄆᆞᄋᆞᆷ의시원ᄒᆞ랴

얏 쉬 스 니 샹 워 디 당
若說是你上我的當
만일네드니은데가기여ᄂᆞᆫ면

간명거베 위리워마 워여 즘마뒤더궈니이 왕다거디화

赶明么你㚑理我嗎 我也怎嗎對得過你呀 王大哥的話

이담계예샹리나늗가싼두냐 네도엇지여늗히하께지니냐 왕현아맏하여니

저이잔부퇴스 각당스 부차 심마 샨 뎌러 뒤부

這一件牛皮是句當是 不差甚嗎實結咧 㚑有

이한가지우피일손 무슨거러뎌짐입슈미즌줄노셥하고 샹리

이잔스 자문거연퇴믜부얀민 실마 각당바 내나거

一件事咱們哥兒㚑沒有言明 甚嗎句當罷 你那么

한가지이러이여우리형뎨가샹리언명하며업스니 무삼이되냐 비거잡

자호가 쳐스 자문 뎌디 즘마거 장 주파다 나거 스부

雜貨價錢是 咱們到底怎嗎么講主法咖 那么是丈

뭇건갑돈손 우리뎌는경외엇더케논난하자녀니 그것슨샤

이더이야 피 쭝ㄴ 훙수 부러키 퍄즈 러자 즘마
易得易呀 每種、、橫竪有人開板子 人家怎嗎
쉽고쉬운것시니 매가지매가지라도갑시훤ㄴ사람이스러라 남의엇더커
디자 뭄며 즘마 디바 또 거치안 리자디갸쳔 쌰ㄴ이
的咱們也怎嗎的罷 到啟起按人家的價錢 美、一
하면우리도엇더커하자 흘견의나또러날외ᄋ되고 한몽이
비쟝스 겨부완련마 여스더
筆賬是 却不完咧嗎 也是得
장을셈하면 셈ᄒ지아니라 셈은ᄒ라

부용야 不用啊 마라

나히슈쉬 那裏用說 거상거니르도록하랴

신리둥아 心裡疼啊 마음이아푸다

신리쿵아 心裡空啊 마음이부엿다

쌴즈쥐 嗓子啞 목쉬도다

쉬디화 說的話 니른허믈맏니로다

허쿠래 何故來 무엇허러

작레 照累 너뒤더계나

위징 雨晴 비기ᄒ

심마채 甚嗎界 무슴더계나

주즈뎐둔타 居指雨等他 흔지니둔타

간즈화 趕子好 아무럼조치

뚠부랴 困不了 되지못하리라

심마더주 甚嗎디주 무슴숙덕거리너냐

너다우 주부카 泥道走不開 길즈릐가지못하다

베쉬 背雨 비기다

쒸주 雨住 비멋다

쉬디사
說的사
날으던것무어시냐

너싱사
偷嫌사
너엿이무어시냐

쥐사부치
爲사不吃
무어슬위하여먹지아니하느냐

져사디
這사的
이거무어시니

우사치사
有사吃사
무어시잇스면무어슬먹고

뫼우치콴
沒有吃寬
잣너부가되미업다

청여청부랴
成也成不了
될뜻하되도지아니한다

기잔
鷄叫
닭우다

쥐잔화
狗叫喚
기지거러다

쥐얀
狗咬
기물린하다

기잔기벅
鷄叫幾遍
닭이멋번우런너니

한다쿠치
好大口氣
입에담곳하다

텬꾸텅비
天高聽卑
텬고텽비

쥰즈이얀완쉬지부랴
君子一言萬歲改不了
군자한말이만셔의곳치지못하다

캎져
靠着
밋다

워 캎 쥐 니 니 캎 저 워
我靠着你 你靠着我
내가 너를 믿고 네가 나를 믿자

니 잘 구 워 워 잘 구 니
你照顧我 我照顧你
네가 나를 도와보고 내가 너를 도와보자

순 관
奪冠
갓벗쉬다

탚 자
討債
돈찾니다

차 져
揣着
붓드다

숭 신
送行
전송하다

졔 퓽
接風
소풍하다

시 촌
洗塵
송흥하다

차 쿠
岔口
흠이다

셩 셰
盛設
먹는협위라

셩 칭
盛情
먹는협치라

추 챠
湊巧
공교로니다

자 상
扎上
박자르다

탕 퉈
搪托
핑계하시

퉈 츠
推辭
사양

쥐 진
究竟
필경

처 즈
測字
파자하다

촹 싕 闖箕 탐감하다

뒤 훙 對縫 두조각맛되다

놔 발 鐃鈸 솔발

퇖 변 調邊 도라눕다

풍 챺 逢巧 공교이맛나다

뱌 치 蹺蹊 수상하다

찬 져 攙着 잡의잡것섞이다

찬 신 操心 걱졍하다

신 푸 信付 미덥다

쳔 츠 諂辭 쇠양하다

진 져 儘着 맏드러

뱌 치 表氣 쌍쾌하다

취 훙 除紅 인렵다 哀求住

ᄍᆞ 샹 奏上 맛초다

초 례 錯列 틀니다

놔 주 鬧局 노름주니

퐝 주 放局 노름부치다

헌 샹 懸賞 상지로주시

딩 지 定織 맛추임물건

뱦 면 吊面 새쪽붙이다

징쑤 經手 손지내다

두힝 獨行 도고하다

쒸타 摔他 더지다

한쳔 漢陳 무겁다

조타 騄他 떼눈 붙니치다

쉬신 隨身 몸의 덜가다

이치 一起 단참

소투 縮頭 축두

쳐산 鈌大 물러떨어지다

난쾬 惱飯 혐하다

뿡층 奉承 첨취하다

뱦시 瞟視 눈쌔다

얼왕 二望 쇠니보다

퐌쥐 反嘴 맛듬하다

디치 地契 더뎝 一付

펑쫭 硼撞 맛뜨이다

콰퉤 跨腿 떼쳐밧다

초뫄 剃毛 헐너러치다

쨔초 자초 햇볕비다

다찬 打參 참례하다

펑져 硼着 닫히엿다

베취 別吹 자랑마라

돠 斷 몰래보다

멍는 夢生 뉘복기

티둥 蹄蹬 상하여브려다

추와 出售 발셔파다

멍져 蒙着 남뒤레씨우다

등장 登賬 치부하다

바지 吧嗒 떠두다

장노 攮挪 여두다

대 사 밥맛초다

란바 攤罷 논누다

평찬 平常 데샷것

헝자 恒家 몰래빗치

이쑹 一送 한번가라

러취 來回 안팍이라

두 抖 떨치다

유취 有趣 흥치잇다

유벼 有邊 자며잇다

나저 拉載 싯고와다

라조
拉坐
사람치엿다

쾌푸환
餽付飯
가지밥셕다

찬뫼신
攙沒辨
고루곤치다

뫼린췌
美人拳
미인쳐

퐝쿵
放空
부아찰로왓다

뒤칭화
對成話
졀반붇혼말

져뫼즈
摘帽子
갓버서라

이시조
緣事作
빈제로하다

얀시
眼石
갓마루고니뎐놈

랖주후
老戶主
단골주인

랖후호
老虎貨
못된물건

믄시호
門市貨
실된물건

니퉌디
匿頭的
잠상니르던놈

져쌰리
摘下來
뱃제버려워라

잔투호
斬頭貨
못쓸물건

후룬주
胡柔局
가짓물건

량쿠즈 화이화 훈쟝훠 토런션 메이링쟈오

兩口子 化一化 渾賬貨 討人閑 沒有領教

난주부쳐 금맛치다 막자됴놈 술하며본찰하다 녕꼬라미업다

저쌀릐 든디얼 쥐명셜 뎨쳐리 부인쟝

墜下來 扽底兒 覘倘着 貼巴人 不認賬

스랑느려지다 스랑흘업다 레ㅂ츠려라 살흔한술 돈지고아졋다하다

돤이돤 위단치 리워디 리니디 쌍워디

斷一斷 愛討氣 讓我的 讓你的 讓我的

믈졔보와라 술하며말잘하다 비차려도다 네차례로다 미거흔日라

부얀련 다치릐 모팡탄쥥 졔화션포

不要臉 搭起來 磨房彈箏 借花獻佛

부닛러워안니하다 채비거려다 우니솔펀 沒배희부레거지드다

반문눙푸 쥐핑쥐뒤 런파뤄탕

班門弄斧 原枰原対 人怕落蕩

반가외 독구 자랑 원평으로 맞겨본다 사람은 반탕외 나한가 처여하다

톄파로두 치신댠단 즈유즈싱

鉄怕落炉 提心𢿢胆 自由自行

쇠는 풀고 외낙할가 져여하다 마음이 뜨며 담이 떨어지다 이목으로 호치 못하다

즈조즈수 보시챵칙[illegible] 쳥비

自作自受 老実長財[illegible]

제가하여 제가 받다 노실하면 도이 잘[illegible]하다

왕단쉬밍 보무칭[illegible] 치바잔

枉担虚名 老不[illegible]七八嘈

헛이름 엇다 얼부[illegible] 잡놈이다

야치마바
做七麻八
사숫것슨친분이으옥으팔블뿌

치빙바주
七並八湊
참或돈仔자

쉬부리씨
我不來使
내업스면저며하면너와어잇보니
엇저거렷너니

쟈콴펑우
酒飯朋友
주반붕우

치[illegible]바잔
七[illegible]八[illegible]
불[illegible]자

싱루콴[illegible]
行路[illegible]
길가[illegible]

쉬주이잔
虛走一遭
헛도이 ᄒᆞᆫ번가다

치미푸치
柴米夫妻
스머부처

치칭바노
七參八落
不實ᄒᆞ다

[illegible]
[illegible]做[illegible]
놈먹어지복메다

부다지제
不大其濟
가닥지젼치아니ᄒᆞ다

칸스조스
看事作事
일은보와일ᄒᆞ다

리 궐 부 닐
人過留名
사람 지니며 일홈이 잇고
더 룽 왕 주
得隴望蜀
룩 롱 망 촉
평 텬 치 판
憑天吃飯
먹기도 하늘의
신 쿠 부 퉁
心口不同
심 구 부 동

얀 궈 부 싱
鴈過留聲
기러기 지내면 소리 잇다
잔 믜 부 쉬
賤賣不賒
눅게 파라도 외상은 안준다
위 관 선 쓰
愛管閒事
실업슨 일 잘 간예
한 진 쉬 퇴
寒追暑追
한 진 셔 퇴

진 샹 텬 화
錦上添花
금 상 텸 화
사 여 평 텬
死也憑天
거두어도 하늘는 니르
잔 유 치 추
間於齊楚
사이어 제 초
쉬 모 화 퇴
月貌花態
월 모 화 틔

이취이챵
一吹一唱
일취일창

이취이썅
一臭一香
한번구나번한번향기하다

유쳔퉁신
有錢通神
유젼통신

샤타부더
小他不得
저를倒지못하다

즈지부퇴
自己不會
할업는사람

싱얀타싀
杏眼桃腮
힝안도[illegible]

신샨신히
人山人海
인산인히

다쇼、、
打笑、、
셤웃과

지왕부직
既往不咎
긔왕불구

샤런커이
殺人可愛
고넝가비

판쟝푸히
翻江覆海
번강복히

취히、、
漆黑、、
흑흑이라

쎤 훙 ㄹ ㄹ
鮮紅〻〻
션 홍 ᄒᆞ다

황 부 저 루
慌不擇路
황 불 ᄐᆡᆨ 노

식 변 쳥 누
羞變成怒
수 변 셩 노

즈 루 웨 마
指鹿爲馬
지 록 위 마

한 부 저 이
寒不擇衣
한 불 ᄐᆡᆨ 의

츙 부 저 치
窮不擇妻
궁 불 ᄐᆡᆨ 쳐

샤 리 좡 단
笑裡藏刀
소 리 장 도

즈 우 쳥 잔
指狗成交
지 구 셩 교

어 부 저 시
餓不擇食
아 불 ᄐᆡᆨ 식

반 루 푸 치
半路夫妻
반 로 부 쳐

메 리 안 취
眉來眼去
미 ᄅᆡ 안 거

퉤 룽 좡 야
推聾粧啞
귀먹은톄 벙어리톄하다

얀타허융
要他何用
져것하여무엇하려너니

쿠츄주지
口出珠璣
입에구슬비앗다

토쿠볜뒤
脫口便對
말ᄀᆞ지되

디인졔빙
地陰接餅
음생의떡밧다

칸훙스촨
看風使船
바람보와뷔질하다

지도쳐샤
載多車小
실은것은만코차는적다

화빙츙이
畫餅充饑
화벙츙위

련근대투
連根帶土
뿌리아온나흙되다

커이간더〻〻
可以趕得
좃키것든갓다

왕여미〻
王爺買賣
노름노리미〻조다

피타챵빅랴
被他搶白了
데한치민잔보다

잭채나갼티〻
賊柴拿脚踢
남기손으로발노쳐무다

취 리 부 취 리
缺理不缺理
나의 틀니나니며 틀니재 아니니

미 호 커 뎐 투
買貨叩点頭
물건사면 절하라

양 항 부 양 니
讓行不讓里
양니 맛조와도 져리나 조지 마라

호 옌 이 쳔 년
活言一千年
하하 보음은 쳔년을 사다

얀 허 이 부 허
言和意不和
말노 화하도 뜻은 화치 마라

런 가 부 런 진
認假不認真
가짓슨 알고 참된 것슨 아지 못한다

한 런 부 창 작
好人不長久
조흔 사람은 오래 사지 못하고

졔 샹 샾 포 예
借香燒佛爺
졔주 성 면

구 즈 별 둥 타
屈指而等他
손고바기다려다

이 수 부 이 치
宜速不宜遲
섈리하미맛당하고더듸홀것맛당치아니타

보 런 부 보 쳰
保人不保錢
사람은보하도돈은보치아니라

미 쥐 부 추 춘
賣奠不出村
고기팔녀촌의나지아니타

허 맛 부 치 싱
何猫不吃腥
어니괴가비린것먹지아니하리라

한 너 러 양 빵
好者惡榜樣
조흔너석가모양이다

양 런 부 스 치
讓人不是痴
남의게지난것시미련치아니타

치 밍 이 부 수
財明意不疎
저물밝키하던옷이

선 명 후 부 증
先明後不增
먼져결단하면드류후뢰더주지아니타

이 쇼 토 냥 쟈
一手托兩駕
한손의두머리라

궈 후 더 편 이
過後得便宜
지난후에나참흔엇다

스 쉬 리 판 촨
死水裡翻船
죽은물의비뒤잇기다

산팅주이팅
三停走一停
삼분의한분이가다

무부좐부투
木不轉不透
남글뚜루지아니하면
뚤니지아니니라

우쳔눙변텬쌰
有錢能變天下
유젼이면눙변텬하다

치쳐쳬지얀좡
妻妾切忌豔粧
쳐쳡은졀긔염장

갸쿼닾부갸
假却倒不假
갓것시도려여갓것시
아니다

귀쿼닾부귀
貴却倒不貴
귀한것시도리여귀치난다

신주부신푸
信付不信付
밋더부치믜덥지
아니라냐

우쳔촌부난싱
無錢寸步難行
무젼이면촌보난힝이라

런우신싀부치
人無信事不齊
신무신이면사불졔이라

다치다융디런
大才大用的人
대저되용인니다

둥푸주융좐의
童僕自用儀義
동복은송주미

취쟌흐냐다거찬
縱見尖呢打人節
불갓보와시야흠기팔리

화스뎡비부쳬
活是風筆有跡
벌은바람이로붓손자최잇다

이우니시디쉬
一五一十的說
졀반빗말

포보잉우부쉬지
破鑼鸚鵡不如雞
깃업ᄂᆞᆫ앙무가닭만갓지못ᄒᆞ다

더이후투챵산후
得意狐兎強似虎
득의한호토가강하기범갓다

쥐뎡지지쳔베산
酒逢知己千盃少
주봉지긔쳔븨소

화부투지반주도
話不投機半句多
화블투긔반귀다

유이즁화ㆍ부호
有意種花ㆍ不活
유의종화ㄴ블활

우신재류ㆍ쳥인
無心栽柳ㆍ成陰
무심ᄌᆡ류ㄴ셩음

쟝스파타뮈우란
講是怕他沒有欄
돈만하여도지르우넘스는버러하ᄂᆞᆫ리

지시융이칭커난
治席容易請客難
치셕은쉽고쳥직이난하다

부관싼치얼시이
不管三七二十一
뎨잡ㄴ담하고

원쉬쥐부더진호
遠水救不得近火
원수구ᄒᆞ기느즌화

지싈부쉬왕싀한

記世不如忘世好

긔셰이불여망셰니라

한한쳥파간부진쳥

好閑城怕趕不進城

거외문거러갓서너셩안에도러가기져어하라

따쟈미쵄매〃웬쳥

打架議勸買賣願成

쌈은말니고흥졍은부치라

츄쇄이리부쉬누러

出外一里不如屋裏

밧긔는나도집갓지안타

봐좌부키너바바간

萬般不可哩吧幹

만반물가니바반셤니라 너바손미험다

쥬싼자부운눈한자

走三家不閑問恒家

세집금맛치며한자리못지마라

너잔져쉬훈싱바다고

偷梯看誰横行悖道

비위러맛기흰흰회도하다니

마부더팔조쉬시듀

賣油的娘子水洗頭

기름파는가가본노머리싯다

당즁뮈위린쓰부칭
當中沒有人事不成
당즁사람이업스면이러되지못하다
펑취촤둥즈연디리
風吹草動自然的理
바람부러초동하기는자연한니라
리두이뎜뮈위찬갸
裡頭一點沒有攙假
씨갓튼지좀곰갓거시섯기지안타
니쉬쑤신뎐얀징여화
利慾燻心連眼睛也花
니욕이흔심이면눈이올나어둡너니
잉호즈광쟐뤄부량
螢火之光照人不亮
빙화빗치사람비거밝지안다
샾허리춘부더다위
小河裡存不得大魚
소하의큰고기잇지안니라
신쎤왕바부뤼진쇼
行善望報不如禽獸
힝션하고갑기는바라면물려금수라
얀쟝스즈과뮈위쟉쉬
要講事只怕沒有究竟
일을논난코저하면며리업스結括더니

뎌단티마단쟌부융숴

人到台馬到站不用說

ᄉᆞᄅᆞᆷ은 ᄃᆡ상니ᄅᆞ며 ᄆᆞᆯ은 참가ᄆᆡ 말아니라

귀쑹더둥시 마신 시우밍

饋送的東西接信收明

례숑ᄒᆞᆫ 믈건 쳥외 치부ᄒᆞ라

챠오틴히우산문즈 츙 친

朝廷還有三门子窮親

됴뎡의 샹겨삽모ᄂᆡ 궁친이라

부융뎐쟝 쌍쟈숴화

不用便講讓人家說話

혼ᄌᆞ 말고 남도 말ᄒᆞ게 ᄒᆞ여라

사 궈즈부다이베 즈부루

沙鍋子不打一輩子不漏

사귀조ᄀᆡ 치지 아니ᄒᆞ면 평ᄉᆡᆼ의 쉬지 안ᄐᆞ

취부트어스도 게쟈

猜不透的是多給價

물궤흔 모ᄅᆞ면 갑슬 만이 주라

훙부훙 즈 부 즈 부다 추두

紅不紅紫不紫不大出類

혼ᄉᆡᆨ도 아니오 자ᄉᆡᆨ도 안니ᄒᆞ니라 누의 거ᄉᆞᆫ 나지 아니 ᄒᆞᆫ 것

쓰 잔부허시 호 줄부쌰찬
四角不合寶屠榔不下槽
사각이참실치아니면 버여가붓지 안녀다

부샹간디부융다찬
不相干的不用打粽
간셥지 아닌것슨 참 비까다

이 더씨스쥐 즁신우 난머
忽得一時忿終身無惱悶
한시분하물 참무면 종신토록 걱정 업다

수 뿌 퉁 쥬 톄 세 쥐 변 부 톄
雖有銅屠鉄舌分辨不得
비록 동슈 텰셜이나 모로 분변치 못하다

뮈 부 이거다쳐 눈 베 호 잉 쓩 한 랑
沒有一个大錢能别蓮英雄好漢
한푼 돈이 업스면 눈이 영웅 호걸이라도 니끄지 마라

니 저마 챵 쳔 워
儞這嗎强勸我
너 나리 계나 운 강권

워 면 챵 허 이 즁
我勉强吃一種
하기 예 면 강 하야 한 잔 마 시 쟈

도 년 더 루 난 쳥 허 도 년 더 시 푸 얀 쳥 포
多年的路熬成河多年的媳婦熬成婆
길 여 노 하면 기 술 되고 며 나 리 노 하면 시 어 맘 되 다

시신 싀 산 쥐지 평중 두승 싼 지
寔心任事結巳奉承陡陞三級
실심님ᄉᆞ호면 리봉곰이면 승희의 오르더니라
시중부터 니 더 이 니 부쉬부산
心中不得你的意呢不知不揹
겨이비 뜻의 맞지 아니하니 ᄀᆞᆺ치 안봄만 갓지 못하다
나다 퉁ᄂᆞᆫ 스칭 싱쥐 부스칭 싱쥐
哪打聽ᄂᆞᆫ是前行牌不是前行牌
드러보와라 쥐뭇이가 쥐뭇이 아니가
저더디 뵈퉁ᄒᆞ 워저거여 화바 빙 부다 계시 두 쌍탕 산 저
這裡來白聽ᄒᆞ고我這个閑話罷冰不大結實都從趟過
이러도와서 공여이 께아 실업슨 말을 들어보와라 얼음이 께듯든 치아니하니

아거 산ᄒᆞ 괴디 ᄃᆞᆫ
阿哥捎來的東
동션이 구하며 온 물
이러바 며 누연
蹬河那邊爐烟
鴨綠江가의 여러하니
간지 더런두 쌀
趕集的人都從
장의 가면 사ᄅᆞᆷ들이 다

취 바
去罷
도무지 예 숲노던 너 가거라

니 저 거 티 면 디 숭 이 이 턒 코 티 예 졔 부 추
你這个體面的生意一条口啼也借不出
너의 이 톄면 하는 장사가 한 나무께도 비리기지 못

리 니 삼 마 티 면 디 숭 이 나
來呢甚麼體面的生意呢
하니 무삼 톄면 하는 장사라 심하갓더니

쟝 군 즈 차 다 주 쏸 례 히 융 다
將棍子揷打就完咧懷用打
막대로 질너시면 와 만나지 상과 풀

키 챠 마
開瞧嗎
고보도록 하라

부 스 쳐 문 샹 쉬 디 큰 루 니 문 쉬 마
不是我們上税的肯漏你們税嗎
누디가 샹셰 치아니하며 것슨 질뎌 너의 셰은 뉴 퇴 놀

타 문 예 바 산 궈 닝 다 웬 디 판 러 부 빤 호 가 삼 마 니
他們也爬山過嶺大遠地方來咧不販貨干甚麼呢
저의도 산을 거고 빅을 너며 먼 딴 되와서 물건 만지 아니하고 무엇 하갓더니

나 닷즈니 자 츄셰주바 례 류부추니거 쳐리니
拿刀子一剌出血就罷咧羡不出一个錢来呢
칼로하여질너피나며피까니지 한푼돈은번홈하네지못하랴

비각부니시 주녀뫄바 댜
八九不離十就也倒罷了
집분의큰구가조보녀 ᄯᅩ도라녀털마엇지하랴

십마지져거키니
甚嗎治疤个渴呢
녀윤가쳐니길하물멋조다

뽀라위터츄펑한
老鴉窩裡出鳳凰
까마귀둥지의봉황나다

쌍조찰지마나
嗓子好渴啊拿
목니가잘갈하니무

바무치디더화냐리
爬不起来的還要飛
긔지도못하녀것시도로에날고져 하다

鼠牛虎兎龍蛇馬羊猴鷄狗猪
子丑寅卯辰巳午未申酉戌亥
쉬부후투룽스마양후지각주

맛피
貓皮 괴기가족

뉴피
牛皮 소가족

난루호
南路貨 남히삼

베루호
北路貨 북히삼

시루호
西路貨 셔히삼

촨룬즈
全甬絟 젼퉁지

다후즈
大厚紬 대후지

유산즈
油衫紬 유삼지

비볜즈
白綿紬 빅면지

쟌양즈
見樣紬 견양지

훙신즈
紅心紬 홍심쟌

ᄉ괘즈
四塊紬 ᄉ괴지

만볜즈
毛邊紬 모변지

쟌볜즈
剪邊紬 도련지

진관즈
金光紬 셔긔조지

우베즈
五倍子 오비ᄌ

히미처
海苔菜 ᄒᆡ티이

히비처
海白菜 메욱

足金 주진 죡금

表金 뱌진 표금

葉金 여진 엽금

餅子 빙즈 편금

沙金 사진 사금

大山貨 다산호 산삼

白蔘 비션 빅숨

移山貨 이산호 산삼

水子貨 쉬즈호 수삼

大折子 다져즈 졀삼

釘子 딩즈 지즁미

中尾 즁위 즁미

貂皮 댜피 돈피

水撻皮 쉬다피 수달피

長皮 챵피 수달피

狐狸皮 호리피 여호가족

括皮 한피 너구리가족

細尾 시위 셰미

學清（影印本）

學清

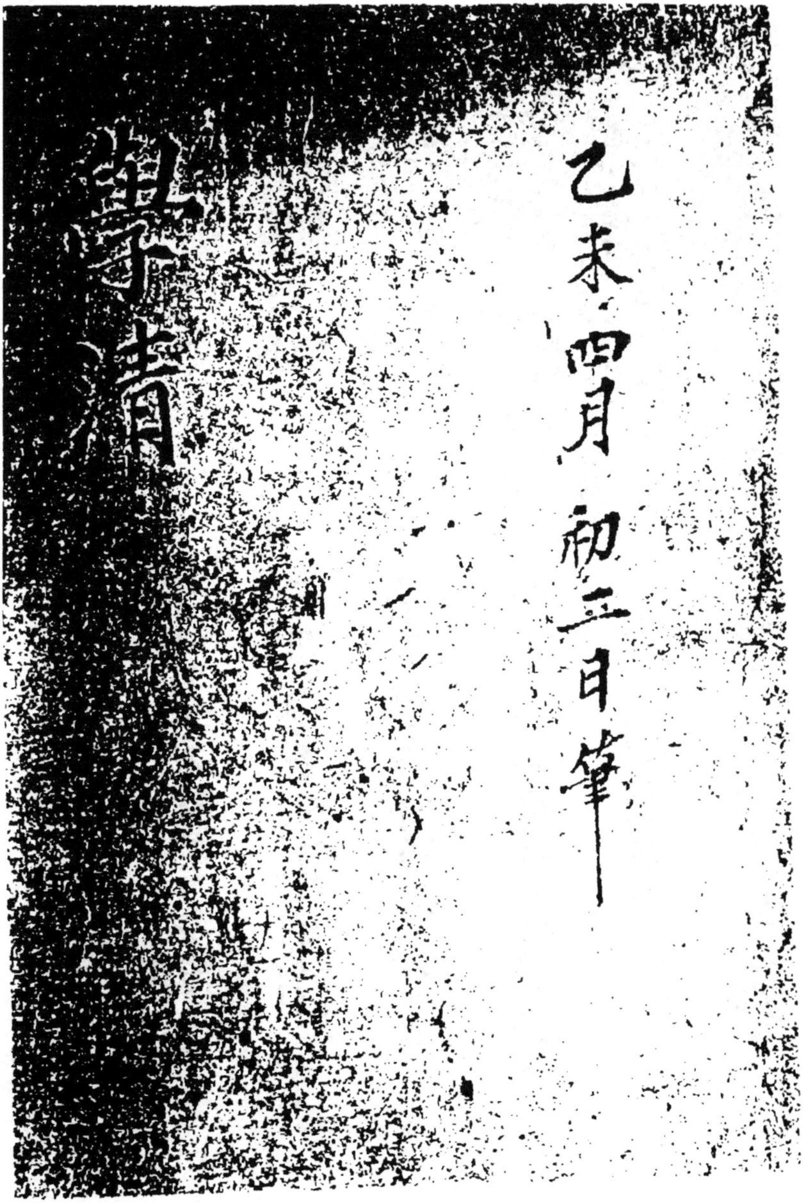

[illegible]

네 친한 셩은 무어시

셩은 감 고 천한 셩이 왕 기로다

네 원 친한 곳지 어 집이

나는 곳과 동편한 ᄃᆡ셔 머무노라

샹 빈 여 [illegible] 다 되 [illegible] 나 [illegible]

[illegible] 무 [illegible] 가 거 게 사 [illegible]

사 방 [illegible] 일 [illegible] 가 [illegible] 러 [illegible]

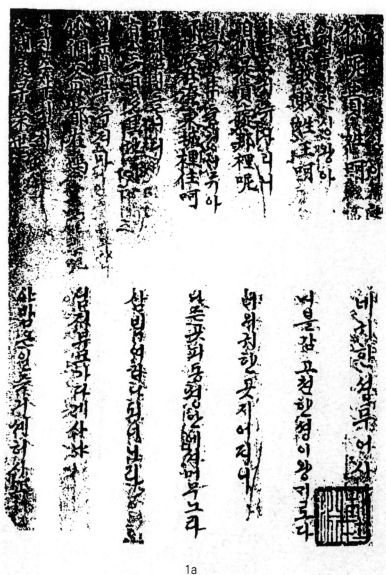

只有一位母親在家兒
거숭지위아
哥兒幾位呵
디숭문스쓰거듀재이전커이즈
弟兄們是四个都在一塊日子
히무이뿐쟐려
還沒有分家咧
니ㄴ그지아
你呢老幾呵
워커스로일나
我却是老二哪
거숭문스디갼리간시마
哥兒們是在家裡幹甚嗎

다만ᄒᆞᆫ위모친만집의계시다
형제가몃위나되ᄂᆞ냐
형제녀이모두한지이셔산념ᄒᆞ교
ᄉᆞ로편가ᄒᆞᆫ미업다
네가몃재냐
나는둘재로다
녀의형과아우가집이셔
무어슬간셥ᄒᆞ너니

가〃스더시양니부리당ᄎᆡ
哥〃是在瀋陽裡部裡當差
이거스중디이거스디방슈년슈아
一个是種地一个是在書房念書呵
상햐개쥔도쌰아
上下家眷多小呵
씬씨도거인가쿠나
三十多个人家口那
이거방즈느거주더샤마
一个房子能句住得下嗎
싸시도쟌다방이치싼스도거인즈무쥬부샹니
四五間大房總三十多个人甚嗎住不下呢
니ᄂ쾌당룽시마둥시
你兇這搪攏甚嗎東西

형은심양네부의셔거실ᄒᆞ고
한나은농ᄉᆞᄒᆞᄂᆞᆫ한나은셔당
의셔글일온ᄃᆞ
상하식구가얼마나되나냐
삼십여인식구로다
한칩의셔능히머물갓너냐
사오간큰집이계우삼십여인
이머ᄉᆞ지머무지못ᄒᆞᆯ갓ᄂᆞ니
네이번의무슴물건을장만ᄒᆞ여

왕변무룰 딜리아
往邊門口兒帶來呀
변문구로가져왓ᄂᆞ냐

시마여두야이
甚嗎也都有呀
무어시도모두이ᄉᆞ라

마즈 마미즈 실나 슈무 비판
帽子、馬尾子、錫鑞、蘇木、白礬
감투 마마、함셕 당목 빅반

후쟈 워쳔 황이즈 비승푸 두친푸
胡椒、倭鉛、黃尾子、白升布、靑布
후쵸 왜납 황모 삼승 두청포

쉬인 민장 궁빙
水銀、閩薑、貢餅
수은 먼간 굴뼌

년거양약치 두빈이우레
連各樣藥材都並有咧
갓갓약지올너모도갓초잇ᄂᆞ니

쳐거리두 니야 시마 둥시주
這个裡頭你要甚嗎東西就
이가온대 네 무슴 물건을
보구ᄒᆞ면

쟈ᄂᆞ 왕 워 숴 바
早些往我說罷
일ᄶᆞᆨ ᄂᆞᆯᄃᆞ려 ᄆᆞᆯᄒᆞ여라

궈 랑 텐 삐 인 두 칭 당 주
過兩天別人都停儅乾
ᄒᆞᆯ로 이틀 지내여 다ᄅᆞᆫ 사ᄅᆞᆷ 결단ᄒᆞᆫ
면

더 쎠 저 무 이 유 싱 샤 디 례
麼些二没有餘剩下的咧
ᄢᅵ데 다시 깃틀 거시 읍너
니라

워 져 거 쉬 도 지 둥 사 니 두
我這个許多的東西裡頭
니 허다ᄒᆞᆫ 물건 가온ᄃᆡ

와 머 부 퉁 비 인 쟈 두 리 너 무 러 두 챠 이 챠 나 거 니 두 얀 꼬 의 칸 중 지 둥 시 불 너
我們不同別人家頭裡伱呢嘛哩都瞧（瞧那个裡頭若有着中的東西否咧
[illegible]ᄂᆞᆷ 구ᄒᆞᆷ이 갓지 안니ᄒᆞ니 남 보ᄅᆞᆷ민 쳠 네가 가지고 모ᄅᆞᆫ 보고 그
[illegible]온데 만 야ᄀᆞ 보왐 죽ᄒᆞᆫ 거시 이스면

[illegible]ᄂᆞᆫ 핑 쥐 얀 워 셜
[illegible]我言語此
거져 ᄂᆞᄅᆞ라 ᄆᆞᆯᄒᆞ여라

워거니느샤쟈부간잉쉬뼈런나
我給你留下是不敢應許別人哪
워지번듸부더션인즈릐
我的本底不帶現銀子来
즈무미니지호니
怎麽買你的貨呢
니우왜호부례
你有外貨否咧
쟈믄냥두조쟈뒤화부즈여스더
咱們兩頭作價对換否子也是得
워무이뼈자둥시
我没有别的東西
즈우이쳔도쟝위피
只有一千張多牛皮

네 너를 머믈너 두고 다시 다른 사
람의게 허락지 아니 ᄒᆞ엿나
내가 본 직은 은을 가지고 아니 왓다
엇지 너의 물건룰 사것너니
너의게 밧갓 물건 잇거든
우리 양편으로 갑슬 ᄒᆞ여 박구
쟈伍 호 올타
내게 다른 물건 업다
다못 일천쟝 우피 잇다

니야쓰휘즤쥬주무셴장가쳔바스더 네쓰고져ᄒᆞ면우리갑슬먼져놀

你要使喚就咱們先講価錢罷是得 난ᄒᆞ미올타

밍거워더추취셴챠니나거우피훠리쟈문쟈쥬바 내일내가면쳠네우피

明个我的出去先瞧你那个牛皮回來咱們講主罷 를보고도라와논란ᄒᆞ[illegible]

니져거우피부다흔한 네이우피가그다지죠치못

你這个牛皮不大很好 ᄒᆞ다

져나 녜지리비 다ᄉᆞ다른거슬가져오라

再拿別的來罷

니져거숴디스나리디화니 네이말이엇던말이냐

你這个說的是那裡的話呢

워져거우피니우쉰보하오러 내이우피를네됴히한치아

我這个牛皮你又嫌不好咧 니물헴의ᄒᆞᄂᆞ냐

니[illegible]비ᄎᆔ리챠인쟈지총 네다른곳의낭의우피

[illegible]到別處裡瞧、人家的總 를보아라

나다오니워디하오대례
哪知道你我的好歹咧
워저거우피디근재번디셔우미디스훌
我這个牛皮底根在本地收買的時候
비인쟈도츄더가미리지니
比人家多出大價買來的呢
쉬니디변얀바
隨你的便要罷
워부파무이신얀
我不怕沒有人要
니커주미그베이나
立刻就賣給別人哪
니〃비스〃
你呢白試〃

가히너서〔?〕가장조흔이라
네의우피근본〃지방의셔
거두어살쎄에
남보담만은갑슬내고사
온거시니
너네뒤로시끄져
니스롬랑읍셔도져어아니훈다
남각의다른스랑의게팔거시다
너곤연이시험만후노니

나마뮈이장이우피니요도산인즈바
那嗎每一張牛皮你要多少銀子罷
그러면 이우피마 한장의 은
돈얼마나 달나ᄒᆞᄂᆞ니

이장니우피냐부마이냥바쳔운은
壹張牛皮㕵不買一兩八錢紋銀
한장우피의 한냥너뎔돈운은ᄉᆞ

져거스치 부능쌰샬하지노시개쳔나
這个是每不能擋下来的老實價錢哪
나거시다시로실흔갑시로다

니져거개쳔토귀사
你這个価錢忒貴呀
네이갑시 가쟝귀ᄒᆞ고나

얀열부샹여주빌라ㅣ
要二不相也倒罷了
알부샹이갑슬혜면고빈이라

쉬냐마자황
說那嗎大謊
말네뎌리지큰거즛말이냐

샤쿤뮈져니나거귀둥시니
[illegible]肯買着你那个貴東西呢
쉬가 어의귀ᄒᆞᆫ물건를줄
겨스기ᄉᆞᄂᆞ냐

약쉬 스이냥우쳔왕니쉬
若說是一兩伍錢往裡說
커시약장주듣
却是有講主頭
약스왕워쉬
若是往外說
자무길거지 슨이쟝부쳥
咱們今个的生意講不成
왕다거니져마져
王大哥伱這嗎着
워꾸니시지 난려잔냥
我可伱寔在難得我讓

만일 한냥닷돈 안으로 말ᄒᆞ면
또한 노ᄅᆞᆫ ᄒᆞ미 잇지
만ᄉᆡᆨ 밧게로 말ᄒᆞ면
우리 흠일미 아되지 안켓다
왕형 아네 이러ᄒᆞ여라
시녈따 진실노 혈게ᄒᆞ기슬라

무이장누피워긔니얼쳔인즈
每壹張牛皮我給你啢二钱銀子
ᄆᆡ장우피의은두돈을나추와줄나

니다니솬판
你打你筭板
네가네혐을보와라

약원이쥬자문마상림당
若願意就咱們馬上停儅
만낙네마음의마즈면직금결단ᄒᆞ쟈

약부원주바
若不願就罷
만낙네마음맛지안커든그만두쟈

나마이장니우피이량누쳰의니는솬귀마
那嗎壹張牛皮壹兩六钱依你呢筭貴麼
그러면한장우피의은한냥엿돈으로셈ᄒᆞ쟈

워무이션언즈
我没有現銀子
ᄂᆡ직은어업다

즈와기죵니호
只有幾種裡貨
다만몃가지반물건니닛다

니ㄷ현주이ㅅ즈니 辛
你呢頂着銀子拿去
자문니쇠지쟈바어시려
咱們裡外尋找罷也是啰
얘부스나마져
若不是那嗎着
워나거거양둥시니투
我那个各樣東西裡頭
핑니라즈관지휘취
憑你呢只管帶回去
쏸ㄷ장바
筭〻賬罷
나파샤똰도샤니
那怕下短多少呢

네은ᄌᆞ로마츄어가져거라
우리안탁으로계웨옵훌면올타
만낙그러치안으면
우리각낭물건중의
네어무로다만가져가려므나
장지조림ᄒᆞ조
졔젼얼마쩐어지젼지

워긔니셰이거회단즈
我給你寫一个單子
내 너를 한 장 단즈를 써주마

간사랑환니인즈시저스부저
趕不撞還你銀子是得是不得
네 되엄 문셰의 은즈를 갑흘
미 올흐냐 아니 오르냐

워져거슨의본리만딴지믜ᄂ
我這个生意本来毛短的賣買
우리 조고만 장ᄉ미ᄂ 이어

완이셔리문외흐쥬리
萬虧賒給在手面去咧
만일 외상 쥬고 공슈로 라가 갓
나나

인자디지화자부키니
人家的賬嚷打不開呢
남의 ᄎ를 갑지 못ᄒ깃다

시리단부주아
寔在担不住呀
길실 도견듸지 못ᄒ깃다

워져거시승지승의
我這个稀鬆的生意
유어거러쥬니
如何擱得住呢
워어부원의리니인즈
我也不顧意讓你銀子
니〻지스부큰야방장주
你呢既是不肯要放賬就
바워나거자호안니지인슈선
把我那个雜貨按你的銀数呢
나취주거부완례마
拿去就却不完咧嗎
나거워좌사부다지
那个越發唹不來的

우리 좀쇄 장ᄉᆞ가
엇지 견지갯나니
너 ᄯᅩ 뜻의 맛지 아니면 네 은ᄌᆞ롤
네가 이믜 즐겨 외상 노치 안을ᄯᅵᆫ
우리집 물건의 셰은 조되로 가
져가소
가져가면 그만니로다
그거시 더욱 되우지 못ᄒᆞ
리ᄂᆞ다

져셰거즈호나휘취례
這些個雜貨拿回去咧
다워문타방강과본미다쉬인즈쥬
到我們他多剛有來賣到現銀子就
예다무유난
也到沒有雜
약쉬스헌스이유되부취〻례
若說是恒事一達賣不出去咧
워회즈　무지어
我該咦作心嗎的呢
아야니져거미〻시되뇌다
嗳呀你這個賣買寔在労道
만다져나부허시
辦到這裏不合實

이여러가지잡물건가져가거라
우리집의방으로려가우뫈의
져은으로파라니어면
또ᄒᆞᆫ어려우미읍다
만일시셰가색츌ᄒᆞ면팔지
못ᄒᆞᆯ세다
우리가〻어어지ᄒᆞ리잇ᄂᆞ니
ᄋᆡ구나네이메〻가진실노괴
롭고나
이러로판ᄒᆞ여도합당치안
코

웨헤모부져기즈무져치하니
我咳莫不着護他罵着說好呢
워쉬니나어방샹셜
我雖偸那么方想呢
부야뼤지
不要別的
즈야현인즈리빈즈니
只要現銀子的意思呢
니나거과상틴이려
你那么寡想便宜咧
볘슈워스워나
別說是我呀
관타슈어쑤부근의니요
管他誰也更不肯依你作

내상의못ᄒᆞ리라 아이엿
지러면요깃ᄂᆞ냐
내가비신각ᄒᆞ믈보냐
달은거ᄉᆞᆫ아니라
다만적은ᄌᆞ만코구ᄒᆞ노라
ᄎᆞ로다
네게너로만싱각ᄒᆞ롱
쥬냐
날ᄒᆡ온다른말ᄒᆞ냐
졔친쳑이라도졔ᄒᆡ히쥬
만ᄒᆞ쥬리

워리니조이뎐쥬이리
我給你作一點主意來
니그니지냥
你顧你的量
이조부조바
愛作不作罷
워긔니이쳔냥션인즈
我給你壹千兩現銀子
징샤디은즈쳐시
剩下的銀子却是
깅져자호나추쥬한냐우려
頂着雜貨拿去就筭了咧
직스바
就是罷

내너를한뎐쥬의를지
여줄거시니
네가네셰을도라보아
라
하려시면ᄒᆞ고말리시면
말사라
내너를일쳔냥각은
을줄거시니
남은은즈는
잡물건다머리맛추와
가지면그만이랑
곳그라ᄒᆞ야라

우ᄂᆞ으ᄂᆞ바

我不依你罷

니에지로로쟈

져스부리풍의지의스

這是不難朋友的意思

내거시벗세이의마글지안

은의로다

자문거선지두너잔칭숭의

咱們哥兒開頭裡交成生意

우리쳡쳬가처음소리

새미ᄂᆞᆫ홀떠

호의스부더부의왕다거지화

好意思不得不依王大哥的話

됴흔뜻으로왕형의말

뒤로

치도자의스간부츤명마

饒多大意思敢不遵命嗎

니셜마큰의시시거캇시연

을좃지아니라

화슈워ᄂᆞᆫ

好說〻〻

됴흔말

워좌니나거누피두더우두즈

我雖你那么牛皮堆得五堆子

너에의게우리라선저미

를보와

무이두듀ᄌᆞ샹듀니드ᄂᆞᆫ거이ᄉᆞ더걸 미렴에우와거시가ᄋᆡ
每堆子上頭的是可以使得過 씨기러마소
저셜듀러스뫼빨나지힝난지 미져미거슬실빨은
底些堆的是有半囉的嗳爛的 망거실빨은슈거
두부더이빵 도모지한걸가지안톄
都不得壹罄
나거니듀키이칸거걸일얼지스 끄가온취조운거시
那个裡頭可以看得過樣兒的是
쇄워지레 너게로쳐ᄒᆞ여라
篩我的咧
쏴야칸불충잉열지스 만일보왕직지아닌것잇
若有看不用樣兒的是 스면
슈큰나뷘은즈미추니 뉘가뫼은즈롤쥬고사릿
誰肯拿現銀子買去呢 ᄂᆞ니

슈연다션촌학불난
俗言道先斷後不難
조문마상푸니두다지착
咱們嗎喃哺哩都打開瞧
과샹탁추부학쉬
寡調出不好的末
징사지도샤부다도샤
剩下的多小笑多条
뎐ᄃᆞ슈얼치좌쇄
点〻救兒起標末
커부숭명열거저뇌도마
却不看明么的勞道嗎
나바년이장어무야시마투부례
那怕連一張也沒有甚嗎頭좀咧

쇽담의이르기를면져결
단ᄒᆞ면슈의어렵지반ᄋᆞ라
우리모금가지가지풀고보
자
마이좋은거슨고르지말
사
남ᄂᆞᆫ것얼마던지혐ᄒᆞ
자
수를허여조ᄒᆞᆺ
또ᄒᆞᆫ시실리로오믈싱각
지안ᄒᆞ니
견원ᄒᆞᆫ장ᄋᆞ쇠

위히비니공시환 나 뇌자로너보렴러욱질겁다

學阿

我喳叱你更喜歡哪

왕주거니저누지스 왕평아녜 씨말이

美哥你這說的是

착부치워지화아 나를잘보지안는구나

약후눈위지화아 나를후루러질후는말

要胡美我的話呀 이니

니쳐거멍비닌아우스나잘훈후 네명바흔사람이또훈후

你這个明白人又是塌糊塗 두물나우훈눈픠후눈구나

니저번문구조거밤서도선리솜의 네번문구의이셔승십

你在這口作過幾多年的生意 여년장ᄉ가

반궈도삐즈디승의 만치안니훈우리미ᄉ로후

辦過幾皮子的生意 반후여보변셔

충래빙무이댜리즈지귀

從來並沒有調度子的規矩

근본진실노우리고르는법은업ᄂᆞ니

잔둔져워나、얀리져이잔녀얼마

但等着我論呢要聞這一件例兒嗎

다못나를기다려네가나한가지법를열고져ᄒᆞ야

이중뒤즈느본시빈부스이건

一種皮子是本來並不是一么

한가지가족은본시진실노한야시

쟝주지바

講主的罷

논란ᄒᆞ는거시아니라、

원스하커챠져청시

原是好可瞧着成色

원간죠흠구즘석슬보아

거인칸다시마친시

咱人看到甚嗎成色

이젼이무슴석슬보고

쟝다시마쟈첸

講到甚嗎価錢

무슴갑슬논난ᄒᆞᆯ거시

져거스즈구일리쥰신거구러　이거시 녜로부터 ᄒᆡ온

這个是自古以来遵行的舊例　는 법을 쥰힝ᄒᆞ는 ᄭᅵ

난더숴니지부둥더마　어려온 말노 네가 아로모

難得說是你懂不懂得嗎　로 ᄂᆞᆫ냐

훙수니ᄂᆡ거인비밍비주즤러　그리로 네이 편이 명ᄇᆡᆨᄒᆞ

横竪你呢各人必明白就是咧　면 올치

힝융워쟝쟌쥐리　자로셔 ᄂᆡ 말을 논란ᄒᆞ랴

曉用我講到這裏

티조나리마　그거슬 이르미라

提到那裏嗎

조비워워먼니즈호수즈부즈　네게 말ᄒᆞ면 ᄒᆡ여셔

作比說我买你的灰鼠皮套子　티를 ᄉᆞ는ᄃᆡ

니두이지스벼워스셔스샤이쳘　속의 쳑은 거시 잇ᄂᆞᆫ더

裡頭有的是別說是些須小小点　는 커니와

나파유광피얼디무유모얼디 저원만가족의털업는
那怕有光皮兒的沒有毛的呢 거시이스면
니ㄴ쉬워문탸마 네우리고르기를허ㄴ킷
你呢許我們調嗎 느냐
만삐부양탸야 졍고또기를허치아니
管他不讓調呀 후리라
니져거싱부추지화스 네이힝추야니이지못할
你這个行不出的話是 망울
워깐저좌져우비러쿨뒤니 리뎔병거보와도무익
我看着到底無盖何故来呢 한거는뒤무엇허러
워나거니우피 스믄청빙무이쓰무좌지 리그우피가본니진실
我那个牛皮是本成無沒有使不着的 노쓰지못할거는업는니
부파쉬니탸 무쉬마 부좌탸너 네이믜리쵸고르는거는져
不怕這你調為甚嗎不教調呢 주지안고무너슬위후여야곤

부쥰즈야인산쾌와다 자만난웃고훼빈힐소람
不但是有人笑壞我呀 이리아니흐리라
충져이호두즈타 더걸나우니지의숙 닐노조초셔흐라못어
從這以後只怕底些個剛的意思呢 지음뉴래가퇼가져흔웃스로라
니더진上야략미주 비츰말고도고져흐던
伱的真處要调買就
닝커자문나략눙의노러 긋라리우리흥정롤고만
寧可咱們拿到生意是得 두면올타
지부웅막주셔거연쿨니마 하시이런연고른졍구쳐시
再不用買出這个緣故来呀 지마라
니약쥐쥐베지라라조지 비말을흐고져흐던다른말
伱要說說別的調皮子的 올흐리가조구고모는거슨
니죄즈지부비앙워더바 베얄은자시반라서날마
伱話是再不必准我提罷 열지말나

쐉다거마틍잔쏫서우리화 왕형아죽은거우리란
王大哥裏聽見死高麗的話 말ᄉᆞᆯ 만드러구나
쥐과부눙지 그는능치못할거ᄉᆞ서
却就不能的
마워쏫거니후룬추바 죽는거우리만ᄀᆞᆺ조후루
裏我死高麗胡美去罷 력지가거라
칸치저거너져지추니나거진야부과러 이를보와실진라그네상스
看起這个来却知道你那个様不僞咧 부직흔줄 ᄆᆞᆯ니로다
쥬리거본시쥐쉬샤화 왕형아너본시우슌말
王大哥本来會說笑話 할줄아난구나
워쥐스숴부쉬니아만다후리니 나곳말이너게지우지못
我却是說不過你呀管他好歹呢 흐리시다조흠구즘거니와
막지장쇼지쟝 몃장이리면녀시쟝으로쳐흠ᄒᆞ쇼
有幾張笑幾張

ᄌᆞ문의니조바져거ᄎᆞᆼᄉᆞ화아 우리네ᄃᆡ로ᄒᆞ자ᄒᆞ거ᄉᆞ아
咱們依你作罷這个總是話呀 올흔말이로다
이자을슝냥ᄌᆞ을수아 한번만나낫치셜고두번
壹遭生兩遭熟呀 만나면슉면이라
ᄌᆞ문스라ᄃᆞ리머ᄂᆞ쵸후ᄃᆡ그릉부근쳔 우리길여ᄂᆞᆫ홍쳔의
咱們是兩道的萍水相會的朋友跟前 쳐음으로아ᄂᆞᆫ친고ᄋᆞᆸ데
니ᄂᆞ나이걸인칭ᄎᆡ
你呢留一点人情總 네조곰인졍를머무루아
왕후ᄌᆡ작구니아ᄂᆞ약바다조ᄃᆡ 이후의닉다시너를찻지
往後再我顧你呀你若把道作剛 네만약길ᄀᆡ를ᄒᆞ면
간햐ᄎᆞ쉬큰너니마 이후상셰시사ᄅᆞᆷ거녕놀
赶下次誰肯着你喝 맛즘가ᄂᆞᆫ니
ᄌᆞ문챵조바부즈바 우리그리ᄒᆞ라하지아니
咱們長作罷不作罷 ᄒᆞ라

거소시니호ᄂᆞᆫ부귀이잔
却那先哄人不過一遍
조비니잔위펑의러
作比伱見我便宜倒
위너스신니커려추마
我也是心裡過得去嗎
위여젼마뒤더궈니야
我也怎嗎対得過伱呀
왕다거디화
王大哥的話
약쉬스니샹워디당쥬
若說是伱上我的儅就
져이잔뉴피디구당스
這一件牛皮的句當是

그런바로배ᄉᆞ람속이ᄂᆞᆫ법이
ᄒᆞᆫ번이시
비겨네가서게너ᄅᆞᆯ보랴
이면
셔ᄯᅩᄒᆞᆫ마음세원ᄒᆞ갓구
나
니ᄯᅩ엇지너ᄅᆞᆯ뒤ᄒᆞ게
ᄒᆞ니
왕형의말이올타
만약에네가너희흘ᄅᆞ랴이면
이ᄒᆞᆫ것우희일이니

부ᄎᆞ시마한지러냐 거의 잣뒤즘으로 혬치 않
不差甚嗎笑話咧嗎 ᄂᆞ냐
히야이잔거장 다시 한나 일이로다
咳有一件句當
자문거비ᄅᆞ히무워얀명 우리형졔가 분명이 말
咱們哥兒們沒有言明 ᄒᆞᆯ 거시업다
시마거당바 무슴 거우 당이냐
甚嗎句當罷
니나거자ᄒᆞ作쳔스 네 그려면 잡물 보새시
你那个雜貨西錢是
자문다리뎌 마거쟝두 셜사 우리시지 엇지 ᄂᆞᆫ단 ᄒᆞᆯ
咱們到底怎嗎个講呢 법이라
나거스이러이야
那个是易得易呀 그거ᄉᆞᆫ 쉽고 쉽다

무중:흥슈아인키탄드 그리하야 이로갑시 일슬사람
每種:横竪有人開板子 이시라
인자즈마 리즈 문즈마리 사람이어려케하면우리서
人家怎嗎的咱們怎嗎的 져케하지
다귀되안인자지개천
到帰起接人家的価銭 니좃 남의갑대로
찬ㄷ이비장주커무완려마스져 한장식혬하면
筭之一筆賬就却不完咧嗎是 그만흘ᄯᅡ

學清